世界遗产遥感图集
Atlas of Remote Sensing for World Heritage: China

联合国教科文组织国际自然与文化遗产空间技术中心
中国科学院对地观测与数字地球科学中心

郭华东 ◉ 主编
Guo Huadong / Chief Editor

科学出版社
北京

内 容 简 介

　　世界遗产作为全人类的共同财富，记录着地球演化的历史和人类文明发展的足迹。本图集特色在于空间技术的应用，选择多波段、多分辨率、多时相航天与航空遥感数据，采用典型遥感图像和三维模型表达，从文化遗产、文化景观、混合遗产和自然遗产四个方面，宏观、直观、真实地刻画了中国的40个世界遗产地本体与景观环境特征。

　　本图集可为各遗产地动态监测、保护与管理、旅游规划与设计等各级管理人员和专业人士提供参考，同时可为研究中国世界遗产地的科研人员提供空间观测信息。

审图号：GS(2011)54号

图书在版编目（CIP）数据

世界遗产遥感图集·中国篇/ 郭华东主编. —北京：科学出版社，2011
ISBN 978-7-03-031314-0

Ⅰ.①世…　Ⅱ.①郭…　Ⅲ.①名胜古迹－世界－图集 ②名胜古迹－世界－图集 ③名胜古迹－中国－图集 ④名胜古迹－中国－图集　Ⅳ.①K917-64 ②S759.991-64 ③K928.7-94 ④S759.992-64

中国版本图书馆CIP数据核字（2011）第103126号

责任编辑：彭　斌　朱海燕　关　焱 / 责任校对：郭瑞芝
责任印制：钱玉芬 / 整体设计：黄华斌
内文设计：北京美光制版有限公司

科 学 出 版 社出版
北京东黄城根北街16号
邮政编码：100717
http://www.sciencep.com

北京华联印刷有限公司 印刷
科学出版社发行　各地新华书店经销
*
2011年7月第 一 版　　　开本：889×1194　1/12
2011年7月第一次印刷　　印张：30
印数：1—2 000

定价：580.00元
（如有印装质量问题，我社负责调换）

《世界遗产遥感图集·中国篇》编委会

主　编： 郭华东

副主编： 王心源（常务）　黄妙芬

编　委： (按姓氏笔画排序)

习晓环　王长林　邢旭峰　毕建涛　朱岚巍

刘　彤　刘　洁　刘传胜　刘春雨　杨瑞霞

张香平　陈富斌　范湘涛　赵　萍　洪天华

祝炜平　黄　鹏　谭克龙

图集编撰工作参加人员

（按姓氏笔画排序）

马　翊　马卫胜　王　成　王　硕　王晓硕　王雷亭　王新新

毛端谦　化成君　邓文胜　邓启兵　石军梅　石志敏　冯钟葵

吉　玮　朱　桦　朱继东　任　霞　刘贤高　许　军　严　明

李　寅　李秋萍　李冠男　杨沙鸥　杨金泉　吴琛瑜　何国金

宋庆君　张　洁　张　辉　张广英　张清宇　张琼霓　陈利博

陈明美　武裁军　林丽群　周　伟　赵日鹏　赵东旭　赵兴坤

赵祖龙　郝俊生　胡灵艳　施春煜　钱玉春　徐　莉　徐大岭

徐卫华　徐俊峰　凌　云　黄　薇　康　硕　程　灿　程　峰

焦伟利　鲁　鹏　谢　杰　谢小青　蔡　蘅　薛志坚

序 Foreword

世界遗产是全人类公认的具有突出意义和普遍价值的文物古迹及自然景观。它们是人类罕见的、无法替代的财富，也是了解地球的演化历史、认识人类自身进化发展、理解不同民族习俗文化的"物证"。它们具有知识教育、文明传承、精神激励等意义和作用，并可以为世界和平与安全做出独特的贡献。

联合国教育、科学及文化组织（UNESCO）注意到世界各国文化遗产和自然遗产由于自然过程以及人类活动因素的影响，正不断地遭受各种破坏的威胁。1972年11月，UNESCO在法国巴黎通过了《保护世界文化和自然遗产公约》（简称《公约》）。该《公约》提出，整个国际社会有责任通过提供集体性援助来参与保护具有突出的普遍价值的文化和自然遗产。发展科学和技术研究，采取适当的科学、技术和其他措施，达到有效地保护、保存和展示文化和自然遗产的目的。

空间对地观测技术的发展为人类提供了一个从空间认识世界遗产的平台，世界遗产的监测与保护需要空间信息技术。2009年10月，第35届UNESCO全会批准了中国科学院的建议，在中国领土上建立一个国际空间技术中心，利用这种技术开展自然和文化遗产、生物圈保护地、气候变化和自然灾害等领域的工作，并支持可持续发展教育。2011年6月，UNESCO与中国政府签署了建立"国际自然与文化遗产空间技术中心"（WHIST）的协议。WHIST依托中国科学院对地观测与数字地球科学中心(CEODE)建设，而CEODE是中国和国际先进的空间对地观测研究机构之一。因此，我既对WHIST能成为UNESCO大家庭的一员感到高兴，又对WHIST将之于UNESCO的贡献充满信心。

WHIST是UNESCO在全球设立的第一个利用空间技术开展世界自然和文化遗产研究的机构，也是中国科学院第一个UNESCO中心。该中心的目标是帮助UNESCO会员国将空间技术应用于文化和自然遗产研究保护，从而加强其对世界遗产的管理、保护、介绍和宣传及参与UNESCO的有关活动；加强会员国利用对地观测技术获取数据的能力，以支持可持续发展方面的决策工作；使所有研究成果都能成为新的教育材料，从而支持联合国可持续发展教育活动。我衷心期望这个目标在UNESCO的帮助下并通过WHIST的努力圆满实现。

每一处世界遗产都应该是人们相聚、发现、分享和热爱的地方。任何自然或文化遗产的衰落与消亡，都会造成不可挽回的损失。我们非常高兴地看到，这项事业正逐步得到越来越多的国家和地区的认同与重视，得到了全世界的积极响应。WHIST利用多平台、多波段、多模式对地观测信息进行《世界遗产遥感图集·中国篇》的编制，旨在利用空间技术从宏观的、整体的角度展示世界遗产的魅力，展现空间技术在世界遗产保护和监测中的作用，并从一种全新的视角宣传世界遗产，这是世界遗产研究的创新性工作。该图集对世界自然、文化以及混合遗产从空间角度进行展示，达到了宏观与微观相结合、平面与立体相结合、静态与动态相结合、文化与科技相结合，让人们从空间更好地了解不同的文化和民族精神以及大自然的神奇和伟大，这对传播人类知识财富、增进不同民族的交流、促使人类珍爱共有的地球家园大有裨益。

我相信《世界遗产遥感图集·中国篇》在宣传利用空间信息技术对世界遗产进行保护的工作中会发挥重要作用。同时，我希望国际自然与文化遗产空间技术中心能不断为我国和全球的世界遗产保护工作做出创新性研究与贡献。衷心祝愿珍贵的世界遗产将能永续传递，世界各国（地区）、各民族因此而更加享受和平、文明与美好。

2011年7月

Foreword

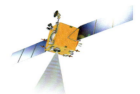

UNESCO World Heritage sites are locations recognized by humankind as cultural relics, historic sites, or natural landscapes of outstanding significance and universal value that are rare and cannot be replaced. Serving as evidence to aid our understanding of the evolutionary history of the Earth, the evolution of human beings, and the cultural diversity of nationalities, World Heritage sites are both educational and inspirational and can make unique contributions to world peace and security.

Being aware of the increasing threat of natural processes and human activities to cultural and natural heritage, the United Nations Educational, Scientific and Cultural Organization (UNESCO) adopted the Convention Concerning the Protection of World Cultural and Natural Heritage in Paris, France, in November 1972. According to the Convention, the entire international community shall shoulder the responsibility of protecting, conserving and promoting cultural and natural heritage of outstanding and universal value through collective efforts and by developing scientific and technological research in order to reach this goal.

The technological development of Earth observation from space has provided us with a platform to recognize the world like never before. The monitoring and conservation of World Heritage sites requires spatial information technology. In 2009, at its 35th General Conference, UNESCO approved China's proposal to establish in its territory the International Centre on Space Technologies for Cultural and Natural Heritage under the Auspices of UNESCO (WHIST), which is meant to utilize space technologies to understand natural and cultural heritage, biosphere reserves, climate change, and natural disasters, and to promote sustainable development education. In June 2011, UNESCO and the Chinese government signed an agreement to establish WHIST. This center is to be sponsored jointly by UNESCO and the Chinese Academy of Sciences (CAS) within the Center for Earth Observation and Digital Earth (CEODE), which is a base for national and international advanced Earth observation research. I am very glad that WHIST has become a member of UNESCO and am confident in its contribution to UNESCO in the future.

As the first center in the world set up by UNESCO using space technologies to study and monitor UNESCO World Natural and Cultural Heritage sites, WHIST's goal is to provide UNESCO and its member states with technical assistance in this regard, namely to enhance the management, protection, presentation, promotion and sustainable development of the sites. WHIST will also help the member states strengthen their capacity for using data

acquired through Earth observation technology in their decision-making. All the research results will become new educational materials to support UNESCO's activities related to sustainable development education. I greatly appreciate WHIST's goal and hope that it will be successfully achieved and further developed with the help of UNESCO and through their own efforts.

Each and every World Heritage site should be a place where people would like to gather, discover, share and enjoy. Any decline or disappearance of natural or cultural heritage would be an irreparable loss. I am very pleased to see that this initiative has been increasingly recognized and valued by more and more countries and regions, and that it has received positive responses from all over the world. By using multi-platform, multi-band, and multi-mode Earth observation technologies, WHIST has started compilation of the *Atlas of Remote Sensing for World Heritage: China* (hereinafter referred to as Atlas). The purpose of the atlas is to give a macroscopic and holistic view of World Heritage sites based on space technology, to show the role of space technology in the protection and monitoring of the sites, and to publicize them from a brand new angle. This is an innovative research approach to world heritage. The atlas is a wonderful and creative presentation of the world's natural, cultural and mixed heritage sites from many perspectives: macro and micro, two- and three-dimensional, static and dynamic, cultural and scientific. It will help people to better understand the cultures of different countries, the spirit of different nations, and the miracles and splendor of nature. This is of great benefit for disseminating the wealth of human knowledge, for promoting communication among different nations, and for encouraging people to cherish their common homestead—Earth.

I believe that the *Atlas of Remote Sensing for World Heritage: China* will play an important role in the protection of world heritage by using space-based information technology to help monitor, protect and promote this valuable resource, and I hope WHIST will continue to contribute its creativeness to this cause so that the precious world heritage we leave to future generations will be passed on from one generation to the next. I hope that all regions and nations will thus better enjoy these treasures and the satisfaction and tranquility that come from visiting them in person or through their visual representations provided by remotely sensed satellite and aircraft imagery.

President, Chinese Academy of Sciences

July, 2011

前言 Preface

历经半个世纪的发展，空间对地观测技术已在不同领域得到广泛而成功的应用。作为记录人类文明发展历程和地球典型现象的世界文化遗产和自然遗产具有独特的物化特征，因此利用可揭示地物几何特性、波谱特性的多平台、多波段、多模式遥感技术识别遗产特征具有明确的物理基础，表明遥感技术在世界遗产探测与保护中具有重要作用和极大的发展潜力。

理念指导行动。基于以上认识，2000年以来我们持续开展了世界遗产空间研究工作，十年迈出十大步。2001年，成立了中国科学院、国家文物局、教育部遥感考古联合实验室（JLRSA），并相继建立下属10个省区遥感考古工作站；2002年，JLRSA组织召开了"第一届全国遥感考古会议"；2003年，主持召开了以"人类文化遗产信息的空间认知"为主题的第216次香山会议；2004年，发起并组织召开第一届国际遥感考古会议；2005年，JLRSA与联合国教育、科学及文化组织（UNESCO）签约加入"利用空间信息技术监测世界自然与文化遗产地开放计划"；2006年，第二届国际遥感考古会议在意大利罗马召开；2007年，中国科学院向UNESCO提出在中国建立"国际自然与文化遗产空间技术研究中心"的建议；2008年，UNESCO第179届执行局会议审议通过了建立该中心的可行性报告；2009年，UNESCO第35届全会审议并批准成立"国际自然与文化遗产空间技术中心"（WHIST）；2010年，WHIST筹备工作全面展开；2011年，UNESCO与中国政府正式签署建立WHIST的协议，WHIST在北京正式成立。

WHIST是隶属于UNESCO的一个利用空间技术进行世界遗产研究的国际学术机构，将自然科学与社会科学紧密结合开展研究是其重要宗旨。WHIST建立伊始，即立意于搭起空间技术与世界遗产的桥梁，并在全球范围内逐步实施。于是，我们提出编制世界遗产系列遥感图集的思路。《世界遗产遥感图集·中国篇》（以下简称《图集》）是其第一册。《图集》注重运用空间技术展示遗产与周边环境的关系，揭示世界自然遗产的成因及其动态变化，展示世界文化遗产的历史传承和文化区域，期望对世界遗产保护和监测起到积极推动作用。

《图集》在理念上从宏观动态变化及其与环境要素的关系入手，围绕《保护世界文化和自然遗产公约》对文化遗产和自然遗产的定义，依据每一项遗产被列入世界遗产的基准而展开，挖掘世界遗产内涵的科学性，展现遗产的整体性，凸显其与环境的关系，力求可读性、艺术性、科学性和收藏性。在编制中，首先努力做到科学性和艺术性的统一。对于自然遗产重在形成的自然原因和自然要素特点方面的介绍；对于文化遗产，重在历史文化传承、文化区域特色的介绍；利用多源遥感数据融合技术，动态体现世界遗产区域的变化。《图集》选择适当比例尺展示整体性，利用三维显示遗产与自然环境的关系，并通过遥感图像呈现的整体性与摄影照片展现的局部特点相互匹配，将空间技术展示的宏观美、动态美与摄影艺术体现的局部美、静态美融合在一起，全面地展示了中国世界遗产的风貌。

至2010年8月，中国共有世界遗产40处，其中文化遗产26处，文化景观2处，混合遗产4处，自然遗产8处。《图集》中遗产地目录编排按照遗产地划分的类型，即文化遗产、文化景观、混合遗产和自然遗产四大类顺序排列。根据《保护世界文化和自然遗产公约》对文化遗产的定义，将中国的26处世界文化遗产分为建筑群、文物和遗址三类，并参照其所满足的入选标准及世界遗产委员会的相关评价，将每一类世界文化遗产再细分为亚类。每一亚类的目录编排采用首都北京遗产地优先，其余遗产地按入选时间先后顺序排列的原则。文化景观、混合遗产和自然遗产均按入选年代顺序编排。《图集》中遗产地的英文名称、地理坐标、遴选标准均来自UNESCO官方网站（http://whc.unesco.org/en/list/）；遗产地的中文名称参照英文名称，并咨询了中国联合国教科文组织全国委员会及相关遗产管理单位。

在《图集》编制过程中，得到了联合国教育、科学和文化组织，中国科学院，中国联合国教科文组织全国委员会，住房和城乡建设部，国家文物局和国家航天局等机构和部门的指导与支持；得到了全国40个世界遗产单位、相关研究机构和高等院校专家的热情参与和鼎力协助，一些单位及个人提供了世界遗产地的遥感影像和实景照片；编制组和数据处理组付出了艰辛的劳动，在此一并致以衷心的感谢！

由于世界遗产内涵巨丰，且因时间及篇幅所限，本图集未能对遗产地充分展开叙述，不妥乃至错误之处，敬请读者批评指正。

2011年6月

Preface

Having developed for over half a century, space—borne earth observation technology has been widely and successfully applied in different areas. As a record of the development of human civilization and typical earth phenomenon, world cultural and natural heritage sites have their own unique physical characteristics. Thus, through the use of multi—platform, multi—spectral, multi—temporal and multi—scale remote sensing technology, geometric and spectral characteristics of ground objects are revealed, helping to identify and better understand these heritage locations. The utilization of remote sensing technology also plays an important role and has great potential in the continued detection, delineation and protection of world heritage sites.

One's thinking directs one's actions. Based on this understanding, the Center for Earth Observation and Digital Earth (CEODE) and affiliates have been conducting space—based research on world heritage sites since 2000, which has led to great advances during that time. In 2001, the Joint Laboratory for Remote Sensing Archaeology (JLRSA) was established by the Chinese Academy of Sciences, the National Heritage Board, and the Ministry of Education. This was followed by the successful creation of 10 subordinate provincial and regional remote sensing archaeological stations. Since 2001, the JLRSA has taken a leading role in remote sensing archaeology through different forms of discourse. In 2002, JLRSA organized and convened the First National Conference of Remote Sensing Archaeology, which was followed in 2003 by hosting the 216th Xiangshan Science Conference with the theme of "Spatial Cognition of Human Cultural Heritage Information." In 2004, JLRSA initiated and organized the First International Conference of Remote Sensing Archaeology, and in 2005, JLRSA and UNESCO signed "the Open Plan of Utilizing Space Information and Technology to Monitor World Natural and Cultural Heritage." Scientists from JLRSA attended the Second International Conference on Remote Sensing Archaeology held in Rome, Italy in 2006. The Chinese Academy of Sciences proposed to UNESCO the establishment in China of the "International Space Technology Research Center of Natural and Cultural Heritage" in 2007. Subsequently in 2008, the 179th UNESCO Executive Board meeting deliberated and adopted the feasibility report on the establishment of the "Center." In 2009, the 35th UNESCO General Conference examined and approved the establishment of the "International Center on Space Technologies for Natural and Cultural Heritage under the Auspices of UNESCO" (WHIST). In 2011, UNESCO and the Chinese Government signed an agreement to establish WHIST in Beijing.

WHIST is an international academic institution of UNESCO that uses space—based technology

for the study of heritage sites and includes a close combination of natural and social science as its main research tools. At its debut, WHIST aimed at building a bridge between space technology and world heritage and gradually promoting this combination around the world. Therefore, the idea of compiling the Atlas of Remote Sensing for World Heritage came into being. The *Atlas of Remote Sensing for World Heritage: China* (hereinafter referred to as Atlas) is the first part. This Atlas focuses on the use of space technology to show the relationship between heritage sites and their surrounding environments, thus revealing the formation of world natural heritage and its dynamic change. In addition, the Atlas depicts historical growth and cultural/physical areas of world cultural heritage sites. Therefore, this Atlas is expected to play an active and important role in promoting the protection and monitoring of world heritage sites. The Atlas begins with the relationship between the macroscopic dynamic changes and environmental factors, centering on the definition of cultural and natural heritage in accordance with the Convention Concerning the Protection of World Cultural and Natural Heritage, and it presents the benchmarks of all the locations listed as world heritage sites. The focus is on exploring the scientific law of world heritage sites, emphasizing their integrity, and highlighting their relationship with the natural environment. The Atlas is not only artistic and visually pleasing to the reader but also contains and supports valuable scientific research. In the compilation process, priority was given to the unity of science and art. For natural heritage sites, the Atlas mainly introduces the natural causes of formation and the characteristics of the natural elements contained within. For cultural heritage, the focus is on the introduction of the historical and cultural heritage and the characteristics of cultural areas. The technology of multi—source remote sensing data fusion was used to dynamically reflect the changes in these world heritage areas. This Atlas utilized optimum scale data sets to best display site features, and pseudo three—dimensional technology was used to show the relationship between the heritage areas and the natural environment. The whole view displayed by remote sensing technology and the local view presented by photography are combined so that the macroscopic and dynamic beauty displayed by space technology and the local and static beauty presented by photographic art work together to present a comprehensive picture of China's world heritage sites.

By August 2010, China boasted a total of 40 World Heritage Sites, of which 26 are cultural heritage, two are cultural landscapes, four are mixed heritage and eight are natural heritage. The World Heritage Site list contained within the Atlas is organized according to the four

categories "cultural heritage, cultural landscapes, mixed heritage and natural heritage." In accordance with the definition of cultural heritage in the Convention Concerning the Protection of the World Cultural and Natural Heritage, China's 26 cultural world heritage sites can be divided into three categories: buildings, artifacts, and historic sites. Every world cultural heritage site is further divided into sub-categories with reference to the admission criteria and the relevant evaluation made by the World Heritage Committee. In the cataloguing protocol of every sub-category, the sites located in the capital city of Beijing are listed first, with the remainder listed according to the chronological order of admission. Cultural landscapes, mixed heritage sites, and natural heritage sites are all arranged in accordance with the chronological order of admission. The Atlas also contains the English names of the heritage sites, their geographical coordinates and selection criteria from UNESCO's official website (http://whc. unesco.org/en/listl). The Chinese names of the heritage sites were chosen in accordance with their English names and in consultation with the UNESCO China Committee and other relevant heritage management institutes.

The compilation of this Atlas was guided and supported by UNESCO, the Chinese Academy of Sciences, UNESCO China Committee, China's Ministry of Housing and Urban Affairs, the State Administration of Cultural Heritage, the National Space Agency, and other governmental departments. Experts from over 40 world heritage institutes, research institutions and universities in China devoted their enthusiastic assistance, while selected institutes and individuals provided the remote sensing images and photos of the world heritage sites. The compiling panel and the data processing team exerted tremendous effort. To all those who have made a contribution to the Atlas, we express our heartfelt thanks!

Due to the rich connotation of world heritage sites and the limited time of compilation, this Atlas only succeeded in scratching the surface of the utility of remote sensing technology to explore, study and describe these heritage sites. Therefore, comments and corrections provided by the readers to help improve on the Atlas, our first of hopefully many similar documents for other countries and regions around the world, will be greatly appreciated.

June, 2011

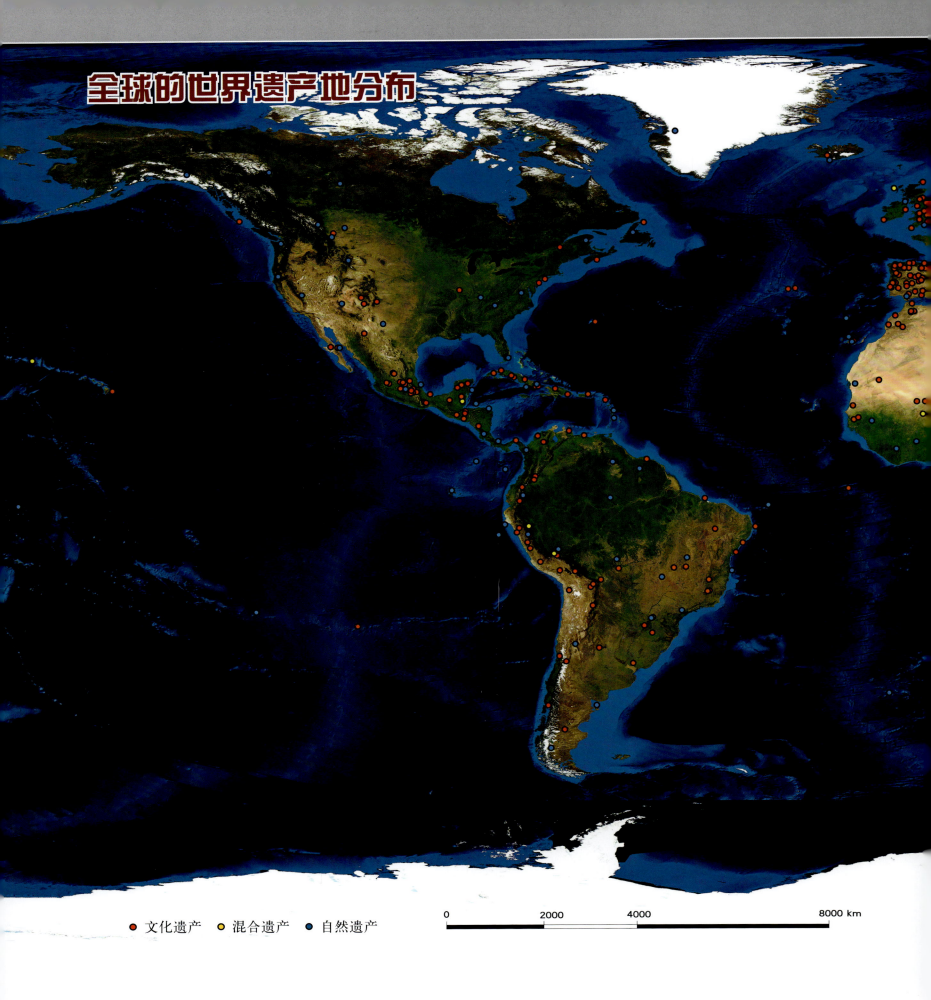

全球的世界遗产地分布

文化遗产　混合遗产　自然遗产

0　　2000　　4000　　　8000 km

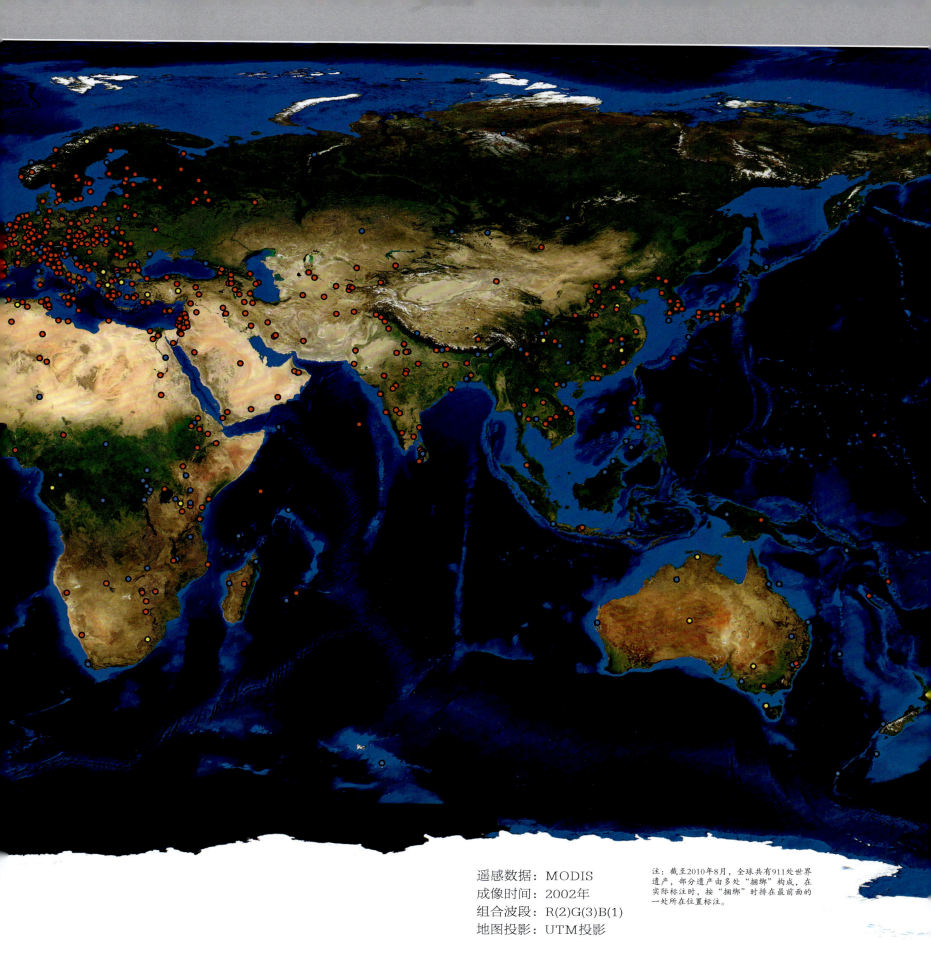

遥感数据：MODIS
成像时间：2002年
组合波段：R(2)G(3)B(1)
地图投影：UTM投影

注：截至2010年8月，全球共有911处世界
遗产，部分遗产由多处"捆绑"构成，在
实际标注时，按"捆绑"时排在最前面的
一处所在位置标注。

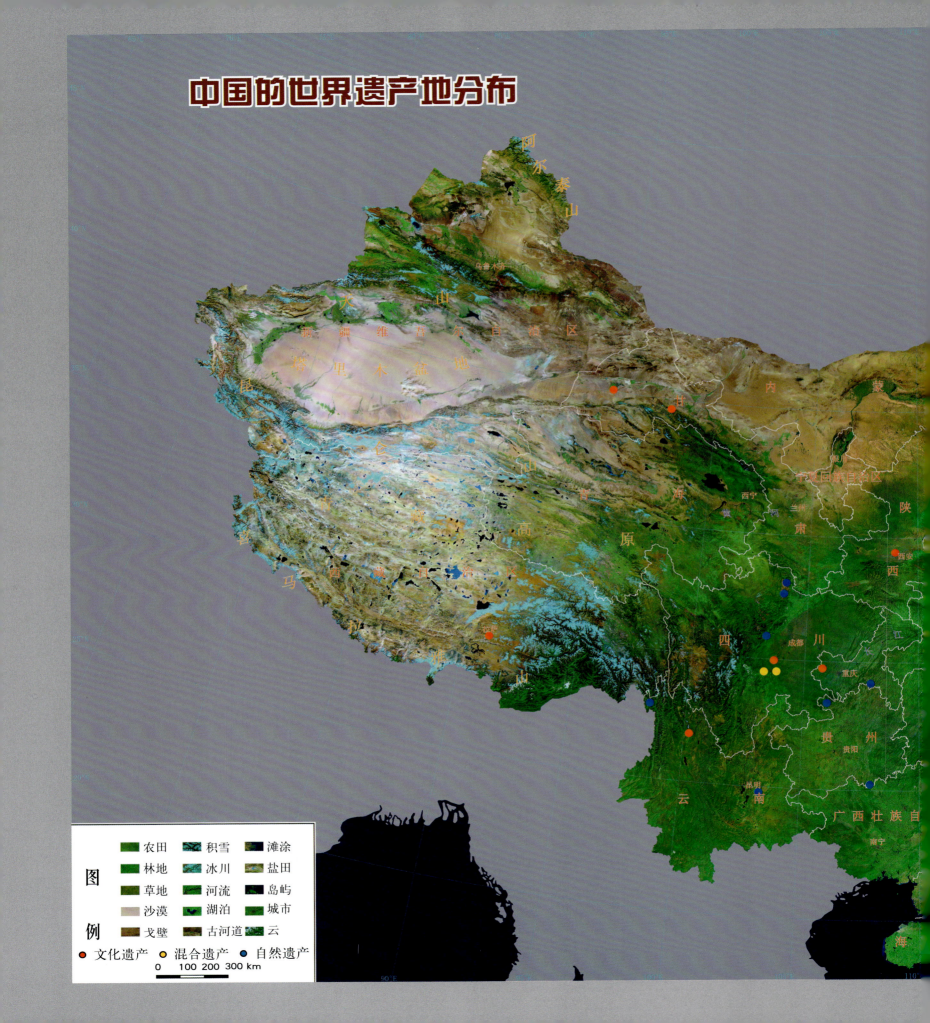

中国的世界遗产地分布

图例

农田	积雪	滩涂	
林地	冰川	盐田	
草地	河流	岛屿	
沙漠	湖泊	城市	
戈壁	古河道	云	

● 文化遗产　● 混合遗产　● 自然遗产

0　100　200　300 km

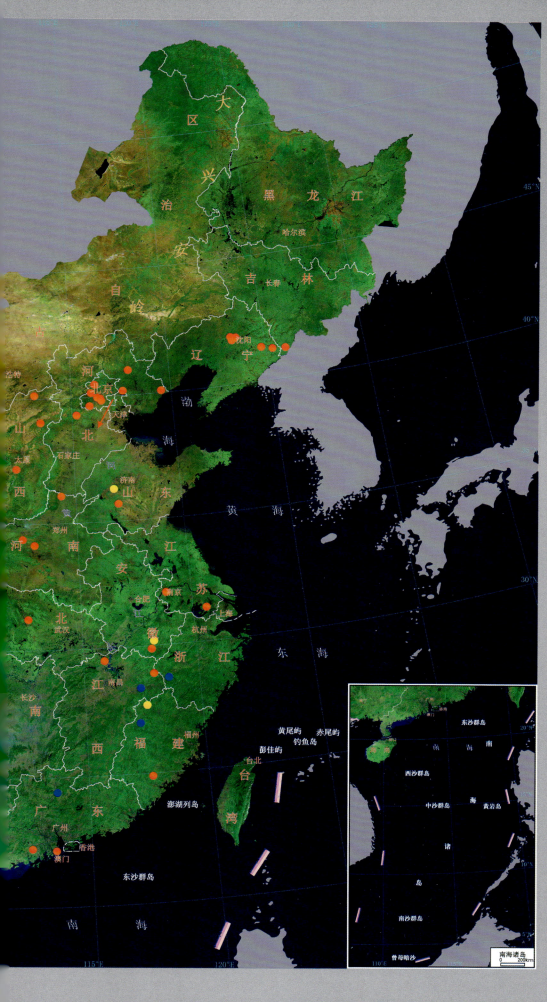

遥感数据：Landsat 5
成像时间：2004～2009年
组合波段：R(5)G(4)B(3)
地图投影：双标准纬线等积圆锥投影
标准纬线：北纬25°, 47°

注：截至2010年8月，中国共有40处世界遗产，其中部分是由
多处遗产地捆绑构成，图中按实际遗产地点标注。

目录 Contents

遥感及遥感数据

遥感是一种对物体的非接触、远距离的探测技术，一般指通过平台上装载的传感器，对物体的电磁波反射、辐射和散射特性进行探测，并根据其特性对物体的性质、特征和状态进行分析的理论、方法和应用的综合技术。通常人们按照搭载遥感器的平台将遥感分为航天遥感、航空遥感和近地遥感。

航天遥感是以人造地球卫星、航天飞机或宇宙飞船等作为平台的遥感，利用装载在这类平台上的遥感器来获取地物的电磁波信息。航空遥感是利用搭载在飞机、气球、飞艇等平台上的遥感器对地面感测的遥感，是由航空摄影侦察发展而来的一种多功能综合性探测技术。近地遥感即把遥感器设置在地面平台上，如车载、船载或活动高架平台等。

遥感作为一门对地观测综合性技术，它的出现和发展既是人们认识和探索自然界的客观需要，更因其具有其他技术手段无法比拟的优点。例如，探测范围广、采集数据快；具有周期性，可以重复地对同一地区进行探测，动态反映地物的变化；获取的数据综合性强，可以真实地体现地质、地貌、土壤、植被、水文、人工构筑物等地物的特征，全面揭示地理事物之间的关联性。正基于此，遥感已经作为一种高效的信息获取手段，深入到经济建设和社会发展的诸多方面，并发挥越来越重要的作用。

20世纪的遥感应用侧重于自然、资源以及静态观测与识别，而21世纪的遥感应用更多关注人文、生态和环境及其动态监测与评估。本图集将遥感技术应用于世界自然和文化遗产研究，将遥感技术与人文信息相结合，从空间技术的角度观察中国宝贵的世界遗产。

图集中所用的航天遥感数据主要包括美国Landsat系列卫星遥感数据，法国SPOT系列卫星遥感数据，美国Quickbird, IKONOS和WorldView-1卫星遥感数据，中国"环境一号"和"北京一号"卫星遥感数据，美国Terra卫星遥感数据，印度IRS-P6卫星遥感数据，日本ALOS卫星遥感数据，欧洲空间局Envisat-1卫星遥感数据和航天飞机SIR-C/X-SAR数据；所用的航空遥感数据主要为飞机搭载的Leica ADS40测量系统以及UCXp航测相机获取。为便于阅读，除特别标注外，图集中影像均正向指北。

一、航天遥感数据

1. Landsat系列卫星

Landsat系列卫星由美国国家航空和航天管理局（NASA）发射，自1972年起，共发射了7颗卫星，命名为Landsat 1, 2, 3, 4, 5, 6, 7，其中Landsat 6卫星上天后发生故障陨落。

陆地卫星运行在900多千米（Landsat 1, 2, 3）或700多千米（Landsat 4, 5, 7）的高空，回归周期为18天（Landsat 1, 2, 3）或16天（Landsat 4, 5, 7）。

Landsat 1~3卫星装载的传感器有反束光导管摄像机（Return Beam Vidicon, RBV）和多光谱扫描仪（Multi Spectral Scanner, MSS）；Landsat 4, 5卫星除装载了MSS外，还装载了专题制图仪（Thematic Mapper, TM）；Landsat 7 卫星只搭载了增强型专题制图仪（Enhanced Thematic Mapper Plus, ETM+）。

MSS是一种光学机械扫描仪，是将来自地面上地物的电磁波辐射（反射或发射）分成几个不同的光谱波段并同时扫描成像的一种传感器。Landsat 1～5号上均装有这种传感器。MSS有4个波段，分辨率均为78m。其中0.5～0.6μm属于蓝绿光波段，可用于对水体金属和化学污染、地层岩性等的观测；0.6～0.7μm属橙红色波段，可用于水体浑浊度、地层岩性、植被状态等的观测；0.7～0.8μm属可见光和近红外波段，可用于对浅层地下水、土壤湿度、植物生长状况等的观测；0.8～1.1μm属红外波段，用于水体、植被等的观测，对比性更强。

TM在MSS的基础上改进发展而成，是第二代光学机械扫描仪。与MSS相比，具有更好的波谱选择性和几何保真度、更高的辐射准确度和空间分辨率。

Landsat/TM数据波段及特性

波段	波谱范围/μm	空间分辨率/m	主要用途
B1（蓝－绿）	0.45～0.52	30	对水体有较强的穿透能力；对叶绿素反应敏感；对区分干燥的土壤和茂密的植被也有较好的效果
B2（绿）	0.52～0.62	30	对水体的穿透能力较强；对植被反应敏感，能区分林型、树种
B3（红）	0.63～0.69	30	可以根据植被的色调判断其健康状况，也可以区分植被的种类和覆盖度；还可用于判定地貌岩性、土壤、水中泥沙流等
B4（近红外）	0.76～0.90	30	可用于植被、生物量、作物长势的调查
B5（短波红外）	1.55～1.75	30	对含水量反应敏感，可用于土壤湿度、植物含水量调查、作物长势分析等
B6（长波红外）	10.40～12.50	120	对热异常敏感。可用于区分农、林覆盖类型；辨别地表温度差异；监测与人类活动有关的热特征；进行水体温度变化制图等
B7（短波红外）	2.08～2.35	30	可用于区分岩石类型，以及地质探矿与制图

ETM+在TM的基础上增加了一个波谱段为0.5～0.9μm的全色波段，称为PAN波段，其瞬时视场为13m×15m。其他6个波段（B1～5和B7）的波谱范围、瞬时视场均与TM相同（即30m×30m）；热红外波段（B6）的探测器阵列从4个增加至8个，对应空间分辨率从120m提高至60m。

2. SPOT系列卫星

地球观测实验卫星（SPOT）以法国空间中心为主设计制造，自1986年起，共发射了5颗，命名为

SPOT 1，2，3，4，5。卫星轨道高度为832km，回归周期为26天，轨道倾角98.7°。

每颗SPOT卫星上都装有两个性能相同的光学成像传感器。SPOT 1，2，3卫星是HRV (High Resolution Visible)；SPOT 4卫星是HRVIR (High Resolution Visible InfraRed)；SPOT 5卫星是HRG (High Resolution Geometry)传感器，替代SPOT 4的HRVIR传感器。HRG有以下新的特征：更高的地面分辨率，以5m或2.5m分辨率替代全色波段10m分辨率，波谱范围从0.61～0.68μm调整到0.49～0.69μm；以10m分辨率替代多光谱波段20m分辨率；对短波红外波段，仍维持20m的地面分辨率。本图集所使用的SPOT影像绝大部分来自SPOT 5卫星数据。

SPOT 5卫星HRG传感器指标

波段	波谱范围/μm	空间分辨率/m
B1（绿）	0.459～0.61	10
B2（红）	0.61～0.68	10
B3（近红外）	0.78～0.89	10
SWIR(短波红外)	1.58～1.79	20
PAN（全色）	0.49～0.69	2.5/5

3. QuickBird卫星

QuickBird卫星由美国数字地球公司（Digital Global）于2001年10月18日发射升空，可采集0.61m分辨率全色和2.44m分辨率多光谱图像。卫星轨道高度为450km，重访周期为1～3.5天，在中国境内每天至少有2至3个过境轨道，扫描带宽为16.5km。

QuickBird卫星传感器波段特性

波段		波谱范围/μm	空间分辨率/m
PAN（全色）		0.45～0.9	0.61
多光谱波段	B1（蓝）	0.45～0.52	2.44
	B2（绿）	0.52～0.6	
	B3（红）	0.63～0.69	
	B4（近红外）	0.76～0.9	

4. IKONOS卫星

IKONOS卫星由美国空间成像公司（Space Imaging）于1999年9月24日发射升空。该卫星与太阳同步轨道，轨道高度为680km，卫星每天环绕地球飞行14圈，重复周期为3天。其传感器波段设置及波谱范围与QuickBird基本相同，只是全色和多光谱数据的空间分辨率分别为1m和4m。

5. WorldView-1卫星

WorldView-1卫星是美国Digital Global公司继Quickbird后发射的新一代

WorldView-1卫星主要参数

主要参数	性能指标
波谱范围/μm	0.4～0.9（全色）
空间分辨率/m	0.5（星下点）
标称幅宽/km	17.6（星下点）
数据精度/m	6.5（CE90%）
星上存储量/GB	2200
量化值/bit	11
平均重访周期/天	5

高分辨率商业卫星，于2007年9月18日发射升空。该卫星与太阳同步轨道，轨道高度为496km，轨道周期为94.6分钟。与Quickbird卫星相比，WorldView-1卫星可以更高效、更精确、更大范围地获取地面高清晰影像，其星载大容量全色成像系统每天能够拍摄多达50万km²的0.5m分辨率的图像。卫星还具有高效的地理定位和极佳的响应能力，能够快速瞄准要拍摄的目标和有效进行同轨立体成像。

6. "环境一号"卫星

环境与灾害监测预报小卫星星座A，B星(简称"环境一号"，HJ-1A/1B)于2008年9月6日成功发射，这是中国首个以灾害和环境监测为主要用途的卫星监测体系。HJ-1A星搭载了CCD相机和超光谱成像仪(HSI)，HJ-1B星搭载了CCD相机和红外相机(IRS)。两颗星上装载

HJ-1A/1B卫星传感器技术参数

卫星名称	传感器类型	波谱范围/μm	空间分辨率/m	幅宽/km
HJ-1A	CCD相机	B1: 0.43～0.52 B2: 0.52～0.60 B3: 0.63～0.69 B4: 0.76～0.90	30	360（单台） 700（两台）
	超光谱成像仪 HSI	0.45～0.95 （110～128个谱段）	100	50
HJ-1B	CCD相机	同HJ-1A		
	红外相机IRS	B5: 0.75～1.10 B6: 1.55～1.75 B7: 3.50～3.90	150	720
		B8: 10.50～12.50	300	

的两台CCD相机设计原理完全相同，以星下点对称放置、平分视场、并行联合观测，其传成器及波段特性如表中所列。

7. "北京一号"卫星

"北京一号"卫星参数

主要参数	多光谱传感器	全色传感器
星下点分辨率/m	32	4
幅宽/km	600	24.2
视场角/（°）	37.9（单成像仪）	1.9
波谱范围/μm	绿：0.523～0.605 红：0.63～0.69 近红外：0.774～0.9	0.5～0.8
探测器	线阵CCD	线阵CCD
量化值/bit	8	10
重量/kg	7	24.5

"北京一号"卫星于2005年10月27日发射升空。卫星全重166kg，在轨寿命为5年，轨道高度为686km。卫星上装有4m全色和32m多光谱传感器，可实现对热点地区的重点观测。

8. Terra卫星

Terra卫星于1999年12月18日发射，是美国地球观测系统（EOS）第一颗先进的极地轨道环境卫星。星上共有五种传感器：先进的空间热辐射与反射辐射计（ASTER）、云与地球辐射能量系统测量仪（CERES）、中分辨率成像光谱仪（MODIS）、多角度成像光谱仪（MISR）和对流层污染探测装置（MOPITT），能同时采集地球大气、陆地、海洋和太阳能量平衡等信息。其中ASTER是一种高级光学传感器，包含14个波段，分别为可见光–近红外波段（VNIR）、短波红外波段（SWIR）及热红外波段（TIR）。在3B波段，ASTER还具有后视成像能力，与3N波段组成立体像对，可用以生成DEM等高程数据。

Terra卫星的另一传感器MODIS是一种"图谱合一"的光学遥感器，具有36个光谱通道，分布在0.4～14μm的电磁波谱范围内，空间分辨率分别为250m、500m和1000m。多波段数据可以同时提供反映陆地、云边界及特性、海洋水色、浮游植物，大气中水汽、大气温度、臭氧和云顶高度等信息，用于对陆表、生物圈、海洋和大气进行长期观测。

Terra/ASTER传感器技术参数

传感器	波段	波谱范围/μm	量化值/bit	空间分辨率/m
VNIR	B1	0.52～0.60	8	15
	B2	0.63～0.69		
	B3N	0.76～0.86		
	B3B	0.76～0.86		
SWIR	B4	1.600～1.700	8	30
	B5	2.145～2.185		
	B6	2.185～2.225		
	B7	2.235～2.285		
	B8	2.295～2.365		
	B9	2.360～2.430		
TIR	B10	8.125～8.475	12	90
	B11	8.475～8.825		
	B12	8.925～9.275		
	B13	10.25～10.95		
	B14	10.95～11.65		

Terra/MODIS传感器波段特性

波段编号	波谱范围/μm	空间分辨率/m	波段编号	波谱范围/μm	空间分辨率/m
1	0.620～0.670	250	19	0.915～0.965	1000
2	0.841～0.876		20	3.660～3.840	
3	0.459～0.479	500	21	3.929～3.989	
4	0.545～0.565		22	3.929～3.989	
5	1.230～1.250		23	4.020～4.080	
6	1.638～1.652		24	4.433～4.498	
7	2.105～2.155		25	4.482～4.549	
8	0.405～0.420	1000	26	1.360～1.390	
9	0.438～0.448		27	6.535～6.895	
10	0.483～0.493		28	7.175～7.475	
11	0.526～0.536		29	8.400～8.700	
12	0.546～0.556		30	9.580～9.880	
13	0.662～0.672		31	10.780～11.280	
14	0.673～0.683		32	11.770～12.270	
15	0.743～0.753		33	13.185～13.485	
16	0.862～0.877		34	13.485～13.785	
17	0.890～0.920		35	13.785～14.085	
18	0.931～0.941		36	18.085～14.385	

9. Envisat–1卫星

　　Envisat-1是欧洲空间局对地观测系列卫星之一，于2002年3月1日发射升空。卫星上搭载有多个传感器，分别对陆地、海洋、大气进行观测，其中最主要的是先进合成孔径雷达（Advanced Synthetic Aperture Radar，ASAR）。

　　ASAR工作在C波段，波长5.6cm，具有多极化、可变观测角度、宽幅成像等特点；具有五种工作模式，分别为Image、Alternating Polarisation、Wide Swath、Global Monitoring和Wave。

Envisat-1/ASAR传感器工作模式及特性

模式	幅宽/km	下行速率/(Mbit/s)	极化方式	空间分辨率/m
Image	最大100	100	VV或HH	30
Alternating Polarisation	最大100	100	VV/HH或VV/VH	30
Wide Swath	约400	100	VV或HH	150
Global Monitoring	约400	0.9	VV或HH	1000
Wave	5	0.9	VV或HH	10

10. IRS-P6卫星

IRS-P6卫星于2003年10月17日在印度空间发射中心发射升空。星上携带三个传感器：多光谱传感器LISS3，LISS4和高级广角传感器AWIFS，提供空间分辨率为5.8m的全色图像信息和空间分辨率分别为23.5m和56m的多光谱图像信息。卫星与太阳同步轨道，轨道高度为817km，重访周期为24天(LISS3)或5天（LISS4, AWIFS）。

IRS-P6卫星传感器参数

传感器	波段	波谱范围/μm	空间分辨率/m	幅宽/km
LISS3	B2（绿）	0.52～0.59	23.5	141
	B3（红）	0.62～0.68		
	B4（近红外）	0.77～0.86		
	B5（短波红外）	1.55～1.7		
LISS4	B2（绿）	0.52～0.59	5.8（星下点）	70（全色模式，可调）
	B3（红）	0.62～0.68		
	B4（近红外）	0.77～0.86		23.9（多光谱模式）
AWIFS	同LISS3	同LISS3	56（星下点）70（边缘）	740

11. ALOS卫星

ALOS卫星于2006年发射升空，是日本国家空间发展局研制的新一代陆地观测卫星，该卫星采用更加先进的技术，旨在获得更加灵活、更高分辨率的对地观测数据。该卫星目前已终止工作。

ALOS卫星载有三个传感器：全色遥感立体测绘仪（PRISM），主要用于数字高程测绘；先进可见光与近红外辐射计-2（AVNIR-2），用于精确的陆地观测；相控阵型L波段合成孔径雷达（PALSAR），用于全天时、全天候陆地观测。

ALOS卫星部分传感器波段参数

波段	波谱范围/μm	空间分辨率/m
B1（蓝）	0.42～0.50	10
B2（绿）	0.52～0.60	10
B3（红）	0.61～0.69	10
B4（近红外）	0.76～0.89	10
PAN（全色）	0.52～0.77	2.5

12. 航天飞机SIR-C/X-SAR

SIR-C/X-SAR是一项大型国际空间雷达对地观测计划，在SIR-A、SIR-B基础上发展而来，其硬件系统由美国国家航空和航天管理局、德国空间局及意大利空间局联合研制。除以上3个国家外，另有来自澳大利亚、加拿大、中国、英国、法国等共计13个国家的科学家共同参与了这一合作研究计划。1994年4月和10月，航天飞机成像雷达3号及X波段合成孔径雷达（SIR-C/X-SAR）两次升空，分别进行了为期10天的对地探测，获得了全球300多个实验区，累计为$1×10^{13}$bit的雷达数据。

SIR-C/X-SAR系统参数

参数	L波段	C波段	X波段
轨道高度/km		225	
波长/cm	23.5	5.8	3.1
极化方式		HH，HV，VH，VV	VV
方位分辨率/m		30×30	
斜距分辨率/m		13×26	10×20
成像宽度/km		15～90	15～60
视角/（°）		20～55	
波束宽度/MHz		10，20	
脉冲长度/μm		33.17，8.5	40
数据速度/（Mbit/s）		90	45

注：除表中已标明外，L波段和X波段其他参数同C波段。

二、航空遥感数据

1. Leica ADS40机载数字航空摄影测量系统

该系统由瑞士徕卡公司于2001年推出,能够高效率地获取高分辨率彩色、近红外及全色数字图像数据,可同角度、同时获取5个波段（R，G，B，IR和PAN）的图像,主要用于航测制图和行业遥感。

2. 航空UCXp航测相机

通过4次单独成像方式形成一幅大像幅数字影像，每次数据采集均通过独立的镜头组，这些镜头组具有相同的几何精度，在焦平面上生成1块、2块或4块影像。作为"主影像"的子影像是由同时采集的4角影像组成，像元的地面分辨率可达2cm。

三、地物光谱特性

1. 植被的光谱特性

绿色植被的光谱反射率与植被的发育、健康状况以及生长条件密切相关。

在可见光波段内，各种色素是支配植物光谱响应的主要因素，其中叶绿素所起的作用最重要。在中心波长分别为$0.45\,\mu m$（蓝色）和$0.65\,\mu m$（红色）的两个谱带内，叶片中的叶绿素吸收大部分的入射能量；在$0.54\,\mu m$（绿色）附近有一个反射峰，因此人们眼睛会看到很多植被呈现绿色。当植物衰老时，由于叶绿素消失，叶红素和叶黄素在叶片的光谱响应中起主导作用，这就是秋季植物叶片变黄或红的主要原因。

在光谱的近红外波段，健康绿色植物的光谱特性是反射率和透射率较高（45%～50%），吸收率低（<5%）。在可见光与近红外波段之间，即大约$0.76\,\mu m$附近，反射率急剧上升，形成所谓"红边"，这就是植被波谱曲线最明显的特征，也是植被遥感关注的一个焦点。

在光谱的中红外波段，绿色植物的光谱响应主要由$1.4\,\mu m$、$1.9\,\mu m$和$2.7\,\mu m$附近的水的强吸收带所支配。

2. 水体和雪的光谱特性

地表较纯净的自然水体对0.4～$2.5\,\mu m$波段的电磁波吸收明显高于其他大多数地物。在光谱的近红外和中红外波段，水几乎吸收了其全部能量，即纯净的自然水体在近红外波段更近似于一个"黑体"，因此在1.1～$2.5\,\mu m$波段，纯净的自然水体的反射率很低，几乎趋近于零。

自然界的水体往往都不是纯净的，而是含有各种各样的无机物和有机物，其中有些杂质处于悬浮状态，这些杂质会散射和吸收部分入射能，从而导致穿过水体的透射辐射能显著变化。悬浮泥沙所引起的浑浊度和水中叶绿素浓度是影响各种水体光谱响应的主要因素。

雪虽是水的一种固态形式，但地表雪被的光谱反射率明显高于自然水体。

3. 岩石的光谱特性

岩石的光谱曲线无统一的特征。矿物成分、含量、风化程度、含水状况、颗粒大小、表面光滑程度、色泽等都会对其光谱特性产生影响。

4. 建筑物的光谱特征

航天和航空遥感图像上，通常只能看到建筑物的顶部，因此构成屋顶的不同建筑材料的波谱特性是识别建筑物的关键。不同建筑材料的反射率不同，如灰白色石棉瓦屋顶反射率高，呈亮色调；铁皮屋顶反射率低，呈灰黑色。

四、相关遥感术语

1. 空间分辨率

对地面而言，指可以识别的最小地面距离或最小目标物的大小；对图像或遥感器而言，指图像上能够详细区分的最小单元的尺寸或大小，或指遥感器区分两个目标的最小角度或线性距离的度量。

2. 光谱分辨率

遥感信息的多波段特性多用光谱分辨率来描述，指遥感器所选用的波段数量的多少、各波段的波谱位置及波谱间隔的大小。遥感器所选择的通道数、每个通道的中心波长和带宽，这三个因素共同决定其光谱分辨率。如对于黑/白航空像片，照相机用一个综合的宽波段（$0.4\sim0.7\,\mu m$、波谱间隔为 $0.3\,\mu m$）记录下整个可见光（红、绿、蓝）的反射幅度；Landsat/TM有7个波段，能较好区分同一地物或不同地物在7个不同波段的光谱响应特性的差异。以TM3为例，遥感器用一个较窄的波段（$0.63\sim0.69\,\mu m$、波谱间隔为$0.06\,\mu m$）记录下红光区内的一个特定范围的反射辐射。

3. 时间分辨率

关于遥感影像成像时间间隔的一项性能指标，指遥感器按一定的时间周期重复采集数据，这种重复周期，又称回归周期。它由飞行器的轨道高度、轨道倾角、运行周期、轨道间隔、偏移系数等参数决定。这种重复观测的最小时间间隔称为时间分辨率。

4. 辐射分辨率

传感器接收波谱信号时能分辨的最小辐射度差，在遥感影像上表现为每一个像元的辐射量化级。

5. 彩色系统类型

根据色度学原理，任何一种彩色图像均可以由红（R）、绿（G）、蓝（B）三原色按适当比例合成。遥感数据一般采用RGB色系。若（R，G，B）亮度值为（255，255，0），则产生亮黄色像元；若（R，G，B）为（255，0，0），则得亮红色像元；若（R，G，B）为（0，0，0），则得黑色像元。

(1) 黑/白图像

在RGB色系中，如（R，G，B）为（0，0，0）呈黑色，（127，127，127）呈中灰色，（255，255，255）呈白色。若某单波段图像的一个像元值为127，则显示出一个中灰色像元。同理，该图像的其他像元值如为0～255，则生成一幅黑白图像。

(2) 彩色合成

几个独立图像的组合在RGB色系中的显示。

三幅单值图像分别以R，G，B方式存于存储器内，连续读每个R，G，B图像的同一像元亮度值，生成彩色合成图像。如Landsat/ TM，若将TM3，2，1分别对应R，G，B，则为天然彩色合成；若TM4，3，2对应R，G，B，则为标准假彩色合成，图像上植被为红色；若TM4，5，3对应R，G，B，一般信息量最丰富，植被类型及生长状态等易于识别。可以通过多种方法、从多波段遥感数据中选择最佳波段组合。

6. 遥感图像解译

从遥感图像上获取目标地物信息的过程，分为目视解译和计算机解译。遥感图像中目标地物特征是地物电磁波辐射差异在遥感图像上的典型反映，其特征可概括为目标地物的灰度、颜色、阴影、形状、纹理、大小、位置等。

文化遗产

建筑群类

明清故宫

北京皇家祭坛——天坛

明清皇家陵寝

曲阜孔庙孔林孔府

北京皇家园林——颐和园

承德避暑山庄及其周围寺庙

苏州古典园林

丽江古城

平遥古城

皖南古村落——西递和宏村

开平碉楼与村落

福建土楼

武当山古建筑群

拉萨布达拉宫历史区

澳门历史城区

登封「天地之中」历史建筑群

文物类

秦始皇陵及兵马俑坑

中国高句丽王城王陵及贵族墓葬

莫高窟

大足石刻

龙门石窟

云冈石窟

遗址类

长城

青城山和都江堰

周口店北京人遗址

殷墟

明清故宫

Imperial Palaces of the Ming and Qing Dynasties in Beijing and Shenyang

北纬39°54′

东经116°23′

地理坐标：北京故宫　北纬39°54′，东经116°23′
　　　　　沈阳故宫　北纬41°47′，东经123°26′
遗产遴选标准：(i) (ii) (iii) (iv)
入选时间：北京故宫　1987年12月
　　　　　沈阳故宫　2004年7月

内蒙古高原

松
辽 沈阳
河 浑河
辽
河

辽
平
原

燕 山 山 脉

辽东半岛

太
行
山
脉

北京

渤海

华 北 平 原

山东半岛

黄海

0 75 150km

■ 北京与沈阳地理位置（ "北京一号" 卫星影像　成像时间：2007年）

北京故宫

始建于明代初年，原名 "紫禁城" ，位于北京市区中心，为明、清两代皇宫，有24位皇帝相继在此登基执政，历时500余年。北京成为政治中心、军事重地，与其地理位置有关。从上图看，它地处华北平原与蒙古高原、东北平原交会地区，北枕燕山山脉，西靠太行山脉，南接华北平原，东为渤海及山东半岛和辽东半岛环抱，这种地理格局成为拱卫北京的天然屏障。

沈阳故宫

始建于明代末年，是清朝统一中国之前在东北建立的地方性政权宫殿，清入关后作为 "陪都宫殿" 。位于浑河（古沈水）之北、辽河之南的沈阳是东北通往关内的交通要道，清朝在入关前选择其作为地方性政权的都城。

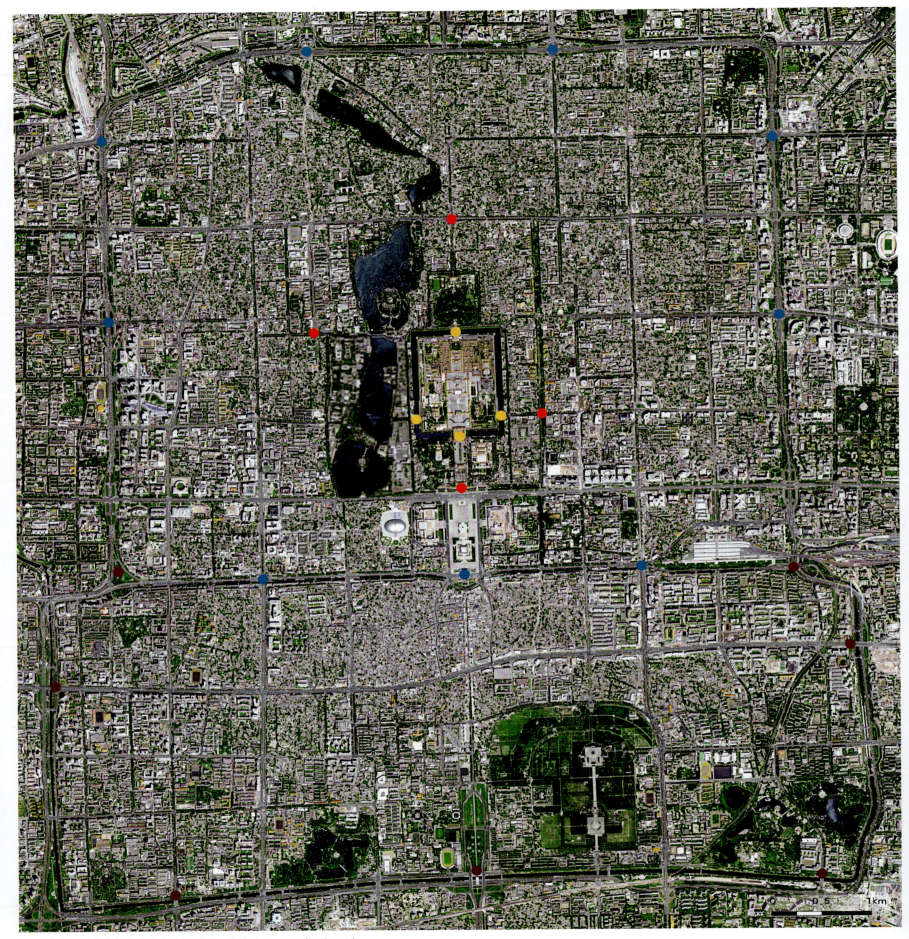

■ 北京都城结构与城门分布（SPOT影像　成像时间：2007年5月19日）

左图中各城门排列由正南开始，
逆时针方向依次为：

● 皇宫城门（午门　东华门　神武门
　西华门）

● 皇城城门（天安门　东安门
　地安门　西安门）

● 内城城门（正阳门　崇文门
　朝阳门　东直门　安定门
　德胜门　西直门　阜成门
　宣武门）

● 外城城门（永定门　左安门
　广渠门　东便门　西便门
　广安门　右安门）

■ 神武门

北京故宫

北京古都建筑布局特点鲜明。以"皇宫-皇城-内城-外城"环环守护、内城-外城形成"凸"型鼎立、中轴线南北贯通来显示皇权的至高无上；以道路与街巷宽窄有据、经纬相通，构成不同大小方格来便于管理与生活，这种布局体现了中国封建王城的庄严和大气。

影像中心位置为北京故宫，即俗称的"皇宫"，是封建帝王起居、处理政务的地方。皇宫由护城河环绕，午门和神武门是其南、北两个正式的城门，城墙东西两侧开了两个侧门，这就是东华门和西华门。皇宫外建皇城，皇城由四门控制；皇城外建内城，内城由九门控制；九门之外是外城，外城由七门控制。这便有了北京"内九外七皇城四"的20个城门。

由影像可见，皇宫居中，以其宽阔、绵长、庄严的南北中轴线作为整个皇城以及都城规划的中枢。

■ 北京故宫（IKONOS影像　成像时间：2003年10月）

在中国先人的建筑风水观念中，"背山面水"是理想的居址环境。在故宫北边人工堆积而成的万岁山（即现在的景山）是其靠山，在南边修建内金水河，它将颐和园西侧玉泉山之水的"生气"源源不断地引入故宫中。人工建造的万岁山和内金水河，营造了北有山、南有水的山水环抱格局。

故宫（QuickBird影像 成像时间：2007年2月）

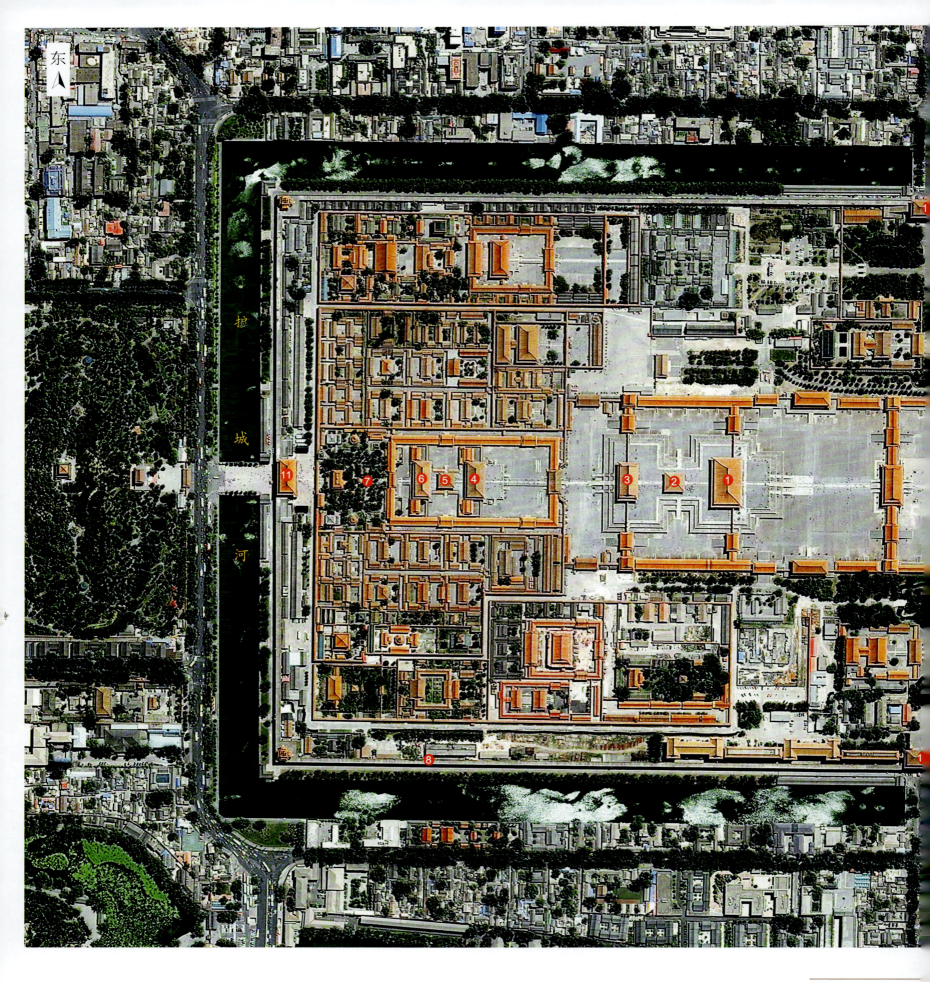

东

护
城
河

■ 北京故宫全景（QuickBird影像　成像时间：2008年12月）

1 太和殿　　5 交泰殿　　9 午门
2 中和殿　　6 坤宁宫　　10 东华门
3 保和殿　　7 御花园　　11 神武门
4 乾清宫　　8 城墙　　　12 西华门

北京故宫南北长961m，东西宽753m，是世界上现存规模最大、最完整的古代木结构宫殿建筑群，四面环有高10m的城墙和宽52m的护城河。整体布局以中轴线上外朝三大殿(图中由南向北分别为太和殿、中和殿、保和殿)为中心，三大殿之后为后三宫(图中由南往北依次为乾清宫、交泰殿、坤宁宫)，再后则为御花园。故宫南半部是皇帝举行朝会的地方，称为"前朝"；北半部是皇帝和后妃们居住、举行祭祀和宗教活动以及处理日常政务的地方，称为"后寝"。

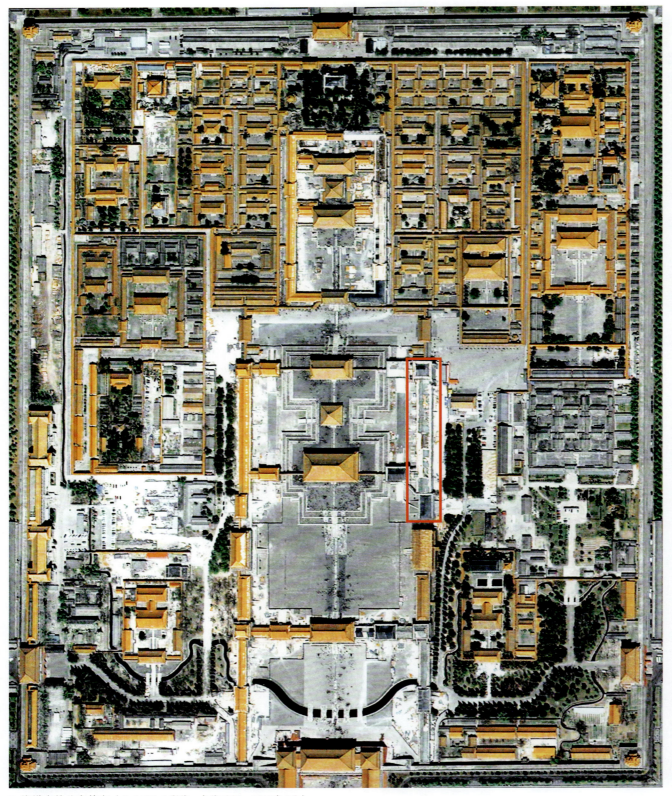

■ 修缮中的北京故宫（QuickBird 影像 成像时间：2006年4月）

2001年，中国确定了故宫古建筑维修和文物保护的任务。通过完整保护、整体维修，恢复古建筑应有的型制和健康的状态，使故宫重现盛世庄严、肃穆、辉煌的原貌。左图是2006年正在修缮中的故宫，右图是2009年修缮后的故宫。对比图中红色方框区域可见，修缮后的故宫面貌焕然一新。

■ 修缮后的北京故宫（QuickBird 影像　成像时间：2009年6月）

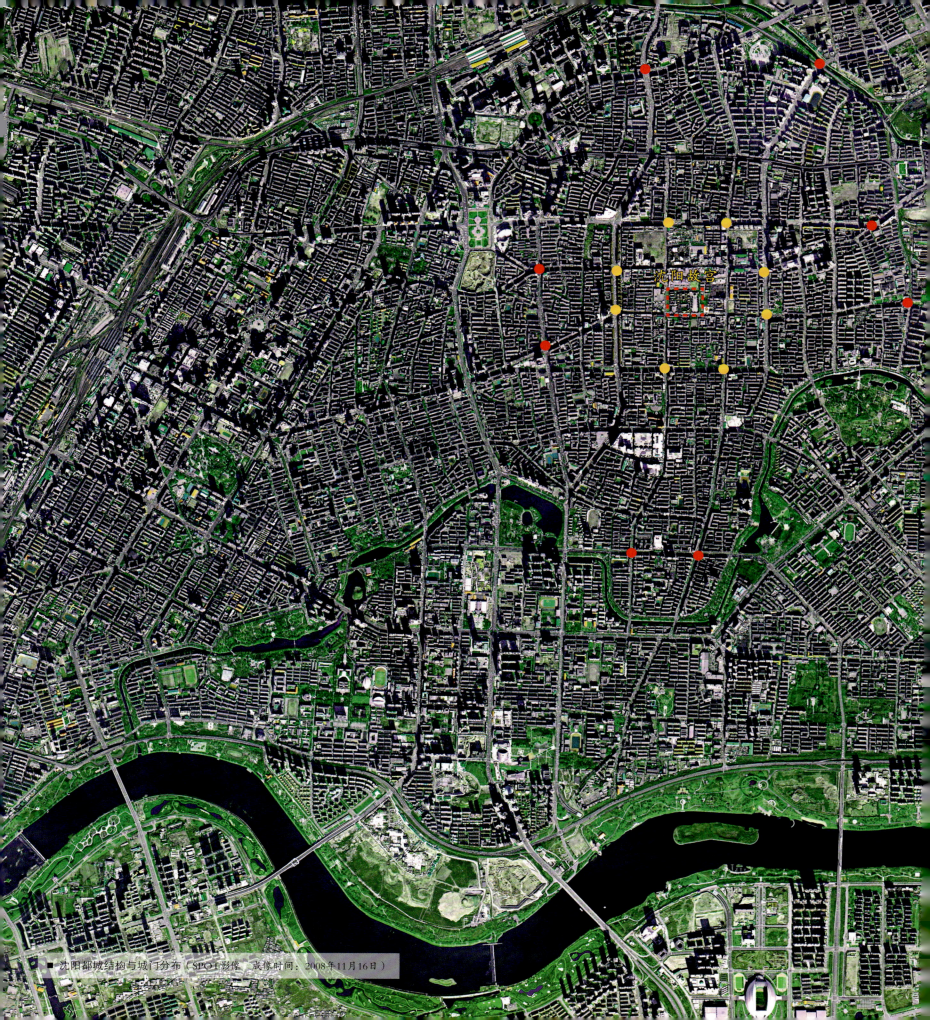

沈阳城 城宫

沈阳都城结构与城门分布（SPOT影像 成像时间：2008年11月16日）

■ 沈阳故宫

沈阳故宫

沈阳（原称"盛京"）为爱新觉罗氏建立清朝的龙兴之地。盛京城有八个城门（图中黄色圆点所示）；在其外围有椭圆形的外廓墙，四周也辟出八门（红色圆点）。在盛京外廓墙外的东、西、南、北各有一座佛塔；每塔之下，又建有一座寺庙，以守护盛京。

■ 沈阳故宫全景（航空影像　成像时间：2007年6月）

沈阳故宫（图中黄色虚线框所示）始建于1625年，建成于1636年，由114座建筑构成。作为清政权的早
期皇宫而成为中国的第二个宫殿建筑群。

沈阳故宫参照北京故宫大致布局建造，也位于皇城的中心。但由于经济基础和民族习惯以及地理环境不同，
两者在规模、建筑风格乃至布局上均有区别。

■ 沈阳故宫全景（QuickBird影像　成像时间：2009年9月24日）

■ 东路建筑群

沈阳故宫建筑群由三部分组成，东路、中路、西路的建筑完全不同。东路为清太祖努尔哈赤的军事民主政体，以大政殿为中心(图中东路区域北边的圆顶建筑)，10个王亭八字排开的宫殿建筑群；中路为清太宗时期续建的大中阙建筑群；西路则是乾隆时期增建的文溯阁等。

北京皇家祭坛——天坛

Temple of Heaven: An Imperial Sacrificial Altarin in Beijing

北纬39° 50′

东经116° 26′

地理坐标：北纬39° 50′，东经116° 26′
遗产遴选标准：(i) (ii) (iii) (iv)
入选时间：1998年11月

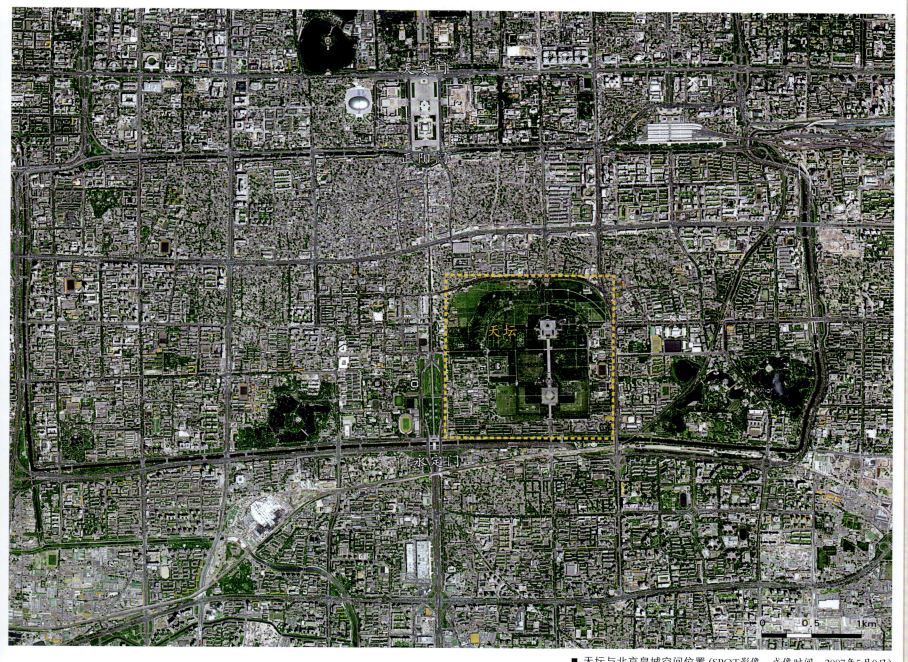

天安门

正阳门

天坛

永定门

0　0.5　1km

■ 天坛与北京皇城空间位置 (SPOT影像　成像时间：2007年5月9日)

天坛

位于北京外城的东南部，处于天安门、前门、永定门构成的中轴线东侧，为中国和世界上现存最大的古代祭祀性建筑群。天坛是明、清时皇帝祭天、祈谷的场所，始建于明永乐十八年（1420年），以后经过不断地修缮、扩建，至清乾隆年间最终建成。

丹陛桥

■ 天坛全景（QuickBird影像　成像时间：2009年10月1日）

❶ 圜丘坛　　❹ 皇乾殿　　❼ 斋宫
❷ 皇穹宇　　❺ 长廊　　　❽ 神乐署
❸ 祈年殿　　❻ 七星石

天坛建筑的主要设计思想是突出天空的辽阔高远，以表现"天"的至高无上。在布局方面，整个坛域被两道垣墙（影像中"∩"形线性几何形状）分为内坛和外坛，呈"回"字结构，北圆南方象征着天（上）圆地方（下）。内坛和外坛同为一条中轴线，内坛的圜丘坛和祈年殿由一条称为"丹陛桥"的大道相连。

■ 祈谷坛和祈年殿

■ 圜丘坛 (航空照片　拍摄时间：1999年5月1日)

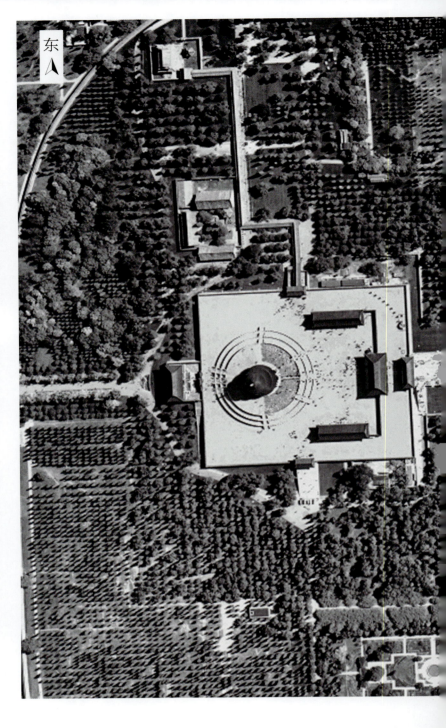

祈谷坛 │ 影像中北边的圆形三层台阶建筑物为祈谷坛，坛内最中间的圆顶建筑物为祈年殿。祈谷坛用于每年正月举行祈谷大典，皇帝祈求五谷丰登。祈年殿高38m（包括基座），直径32m，平面呈圆形，体现"天圆地方"的宇宙观，三重檐攒尖顶，显示了向上的无穷力量。

■ 内坛建筑布局（IKONOS影像　成像时间：2002年5月1日）

圜丘坛和皇穹宇

影像南边的石构建筑物为圜丘坛，它内（上）圆外（下）方，同样表达古人"天圆地方"的理念。圜丘坛为三层圆形石台，台面用艾叶青石铺砌；上层台面中心凸起圆石称"天心石"，又称"太极石"。人站在天心石上呼喊或敲击，声波会被近旁的栏板反射，形成显著的回音，似人与自然在对话。每年的冬至和农历四月，皇帝要到圜丘坛举行祭天和祈雨大典。

位于圜丘坛北侧的圆形建筑群为皇穹宇，是存放祭天神牌的场所。皇穹宇的圆形围墙就是著名的回音壁。

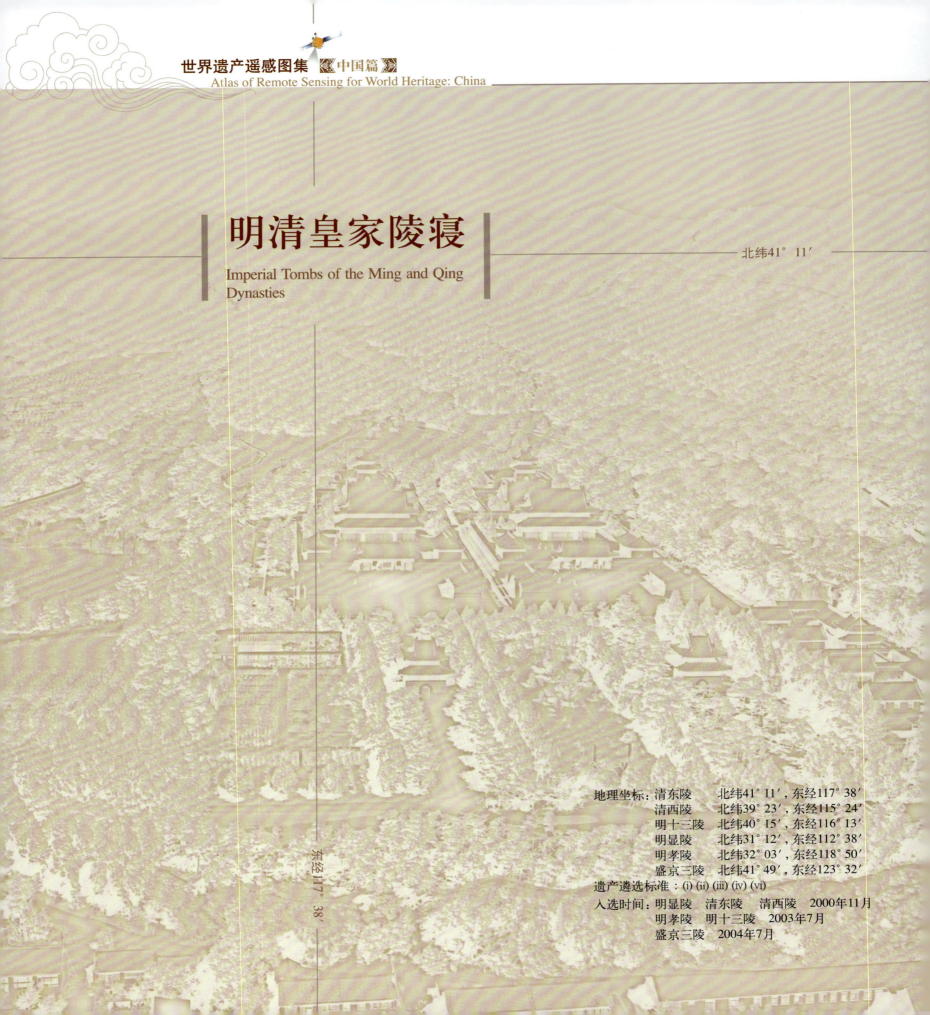

明清皇家陵寝

Imperial Tombs of the Ming and Qing Dynasties

北纬41°11′

东经117°38′

地理坐标: 清东陵　　北纬41°11′, 东经117°38′
　　　　　清西陵　　北纬39°23′, 东经115°24′
　　　　　明十三陵　北纬40°15′, 东经116°13′
　　　　　明显陵　　北纬31°12′, 东经112°38′
　　　　　明孝陵　　北纬32°03′, 东经118°50′
　　　　　盛京三陵　北纬41°49′, 东经123°32′
遗产遴选标准: (i) (ii) (iii) (iv) (vi)
入选时间: 明显陵　清东陵　清西陵　2000年11月
　　　　　明孝陵　明十三陵　2003年7月
　　　　　盛京三陵　2004年7月

明历代皇帝（1368～1644年）陵寝位置

庙号	姓名	在位时间	年号	皇陵	所在位置
太祖	朱元璋	1368～1398年	洪武	应天府孝陵	南京明孝陵
惠宗	朱允炆	1399～1402年	建文		
成祖	朱棣	1403～1424年	永乐	长陵	北京明十三陵
仁宗	朱高炽	1425年	洪熙	献陵	北京明十三陵
宣宗	朱瞻基	1426～1435年	宣德	景陵	北京明十三陵
英宗	朱祁镇	1436～1449年	正统	裕陵	北京明十三陵
		1457～1464年	天顺		
代宗	朱祁钰	1450～1456年	景泰	景泰陵	北京市郊金山口
宪宗	朱见深	1465～1487年	成化	茂陵	北京明十三陵
孝宗	朱祐樘	1488～1505年	弘治	泰陵	北京明十三陵
武宗	朱厚照	1506～1521年	正德	康陵	北京明十三陵
世宗	朱厚熜	1522～1566年	嘉靖	永陵	北京明十三陵
穆宗	朱载垕	1567～1572年	隆庆	昭陵	北京明十三陵
神宗	朱翊钧	1573～1619年	万历	定陵	北京明十三陵
光宗	朱常洛	1620年	泰昌	庆陵	北京明十三陵
熹宗	朱由校	1621～1627年	天启	德陵	北京明十三陵
思宗	朱由检	1628～1644年	崇祯	思陵	北京明十三陵

清历代皇帝（1616～1911年）陵寝位置

庙号	姓名	在位时间	年号	皇陵	所在位置
太祖	爱新觉罗·努尔哈赤	1616～1626年	天命	福陵（东陵）	盛京三陵
太宗	爱新觉罗·皇太极	1627～1636年	天聪	昭陵（北陵）	盛京三陵
		1636～1643年	崇德		
世祖	爱新觉罗·福临	1644～1661年	顺治	孝陵	清东陵
圣祖	爱新觉罗·玄烨	1662～1722年	康熙	景陵	清东陵
世宗	爱新觉罗·胤禛	1723～1735年	雍正	泰陵	清西陵
高宗	爱新觉罗·弘历	1736～1795年	乾隆	裕陵	清东陵
仁宗	爱新觉罗·颙琰	1796～1820年	嘉庆	昌陵	清西陵
宣宗	爱新觉罗·旻宁	1821～1850年	道光	慕陵	清西陵
文宗	爱新觉罗·奕詝	1851～1861年	咸丰	定陵	清东陵
穆宗	爱新觉罗·载淳	1862～1874年	同治	惠陵	清东陵
德宗	爱新觉罗·载湉	1875～1908年	光绪	崇陵	清西陵
宪宗	爱新觉罗·溥仪	1909～1911年	宣统		

明清皇家陵寝

包括位于湖北省钟祥市的明显陵、河北省遵化市的清东陵和易县的清西陵、江苏省南京市的明孝陵、北京市昌平区的明十三陵、辽宁省沈阳市和抚顺市的盛京三陵，共六个明、清两朝皇帝陵墓建筑群。清东陵、清西陵、明十三陵属于皇家陵寝群，均坐落在山间盆地，每一座陵墓均依山面水而建。明孝陵、明显陵和盛京三陵属于独立的皇家陵寝。这些陵墓依山势而建，形成宏伟的气势。

■ 明孝陵地理位置（SPOT影像　成像时间：2005年2月28日）

明孝陵

明孝陵是明代开国皇帝朱元璋的陵寝，位于江苏省南京市郊钟山南麓玩珠峰下。钟山以形状似钟而得名，因山坡出露紫色页岩，在阳光照射下闪耀紫色光芒，又称"紫金山"。

明孝陵以钟山为背屏，周围群山环绕。紫金山山脉往南延伸为各座小山，延绵不断，此为"青龙蜿蜒"。独龙阜（陵墓宝顶）的西面有一条山脊，地势较低，此为"白虎驯俯"。独龙阜东北面有水流从山中流出，分为三支河流，蜿蜒盘旋，最后汇入独龙阜西南的前湖。从独龙阜向北看，作为祖山龙脉的紫金山山脉呈现弧形，弧口朝南，山势缓缓下降到独龙阜，此为"玄武低头"；正前方有梅花山作为"前案"，这些条件符合中国传统"风水"之说，故被选为皇家陵寝地。

中山陵

宝城

紫霞湖

宝顶（独龙阜）

明楼

神道

梅花山

神道

■ 明孝陵全景（IKONOS影像　成像时间：2005年5月2日）

■ 棂星门

■ 神道

明孝陵陵区的布局设计，自由与规整相结合，陵宫规整划一，神道则蜿蜒曲折(沿着梅花山脚)，一改历代帝陵以中轴对称的布局。影像东北部为中国民主革命先行者孙中山的陵墓。

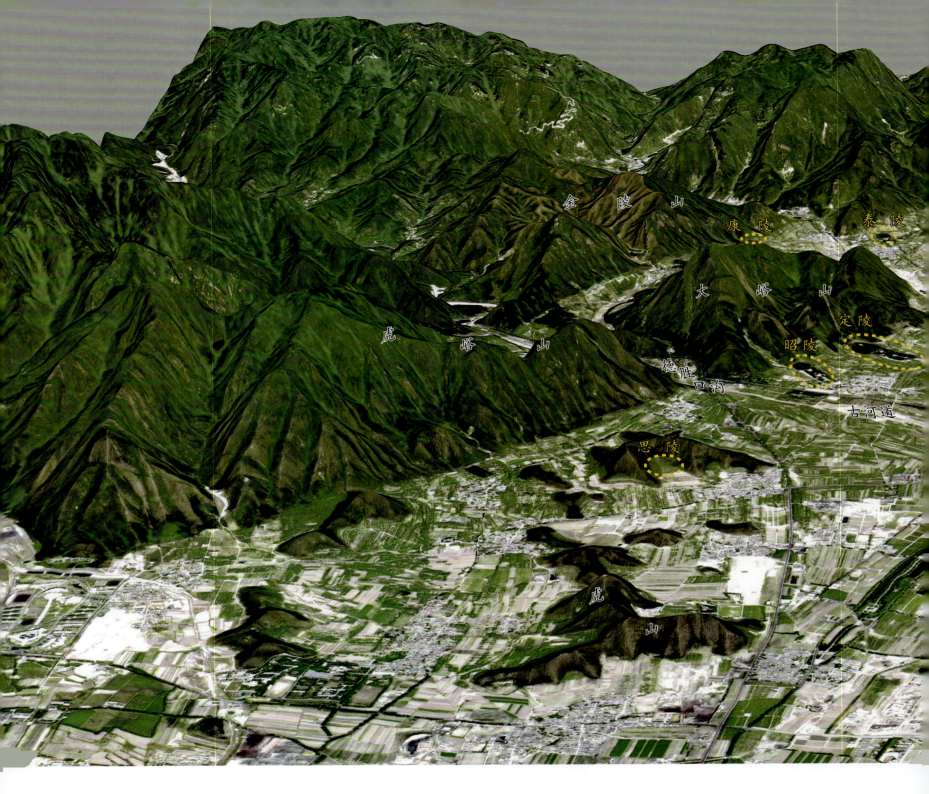

金 陵 山

康陵

泰陵

大 塔 山

定陵

虎 峪 山

昭陵

德胜口沟

古河道

思 陵

虎 山

明十三陵

明十三陵位于北京市昌平区北部天寿山麓，是明代迁都北京后13位皇帝的陵墓群，并葬有23位皇后和1位贵妃。明十三陵于永乐七年（1409年）开始营建，至崇祯十七年（1644年）明代灭亡建成。天寿山属于燕山山脉一支，发源于太行山，主峰雄峙于北，作为整个陵区的祖山；蟒山、虎峪山环抱东西；龙山、虎山在南面遥相呼应，为"案山"守卫；西北部的流水汇集在群山环绕的中部盆地，最后向东南流去。整个陵区位于椭圆形山间盆地内，以长陵为中心，其余呈扇形非对称分布于其左右（除思陵外）。神道直通长陵，长陵北边的山脉酷似龙脊，因而被认为是上乘的"风水宝地"。

茂陵　裕陵
献陵
庆陵
长陵
景陵
德陵
永陵
天寿山
崟山
古河道
路道
神
龙山
十三陵水库

■ 明十三陵三维全景

十三座陵墓分布于东、北、西三面。每座陵各以一座山为背靠，规模大小不一，形制基本相同。这使得明十三陵既是一个统一的整体，又自成独立的单元。陵与陵之间最小相隔0.5km，多至8km。

明十三陵青山环抱、明堂开阔、水流屈曲通过，各陵所在位置又都背山面水，处于左右护山的环抱之中。这一陵址位置的布置方式，使其自然景观既显得赏心悦目，又能显示皇帝陵寝肃穆庄严和恢宏的气势。

❶ 大红门　❷ 神功圣德碑亭　❸ 棂星门

明十三陵各陵前均铺设有一条神道。其中长陵的神道最长，达7km。这条主神道的主要建筑包括石牌坊、大红门、神功圣德碑亭、华表望柱、石像生、棂星门等。

"大红门"是明十三陵的门户。神功圣德碑亭是一座重檐方亭，四面开门，内竖"大明长陵神功圣德碑"，是

■ 明十一陵神道（航空影像　成像时间：2009年8月13日）

明成祖朱棣的长子明仁宗朱高炽为赞美其父一生功德的颂文，其四角的白色规则建筑物为华表望柱。神功圣德碑亭北神道两旁整齐地排列着一组用整块巨石刻成的雕像，共有石兽24座，立像石人12座。棂星门又叫"龙凤门"，是一座三门六柱的牌坊式建筑。

大峪山

■ 明十三陵之定陵（航空影像　成像时间：2009年8月13日）

定陵

定陵（黄色虚线框所示）位于天寿山区大峪山东麓，是明代第十三位也是统治时间最长的皇帝——明神宗朱翊钧和两位皇后的合葬陵寝，始建于万历十二年（1584年），万历十八年（1590年）建成。定陵是明十三陵中唯一被正式发掘和开放参观的帝王陵寝。

汉

水

莫愁湖

明

■ 明显陵三维全景

明显陵 明显陵作为明代帝陵的首个代表，2000年被列入《世界遗产目录》。明显陵位于湖北省钟祥市东北7.5km的纯德山，是明世宗嘉靖皇帝朱厚熜的父亲恭睿献皇帝和母亲章圣皇太后的合葬墓。墓主人生前为一藩王，陵墓建在王府附近，按藩王礼安葬。朱厚熜入继大统后，追尊其父为睿宗皇帝，将原王墓扩建为显陵。

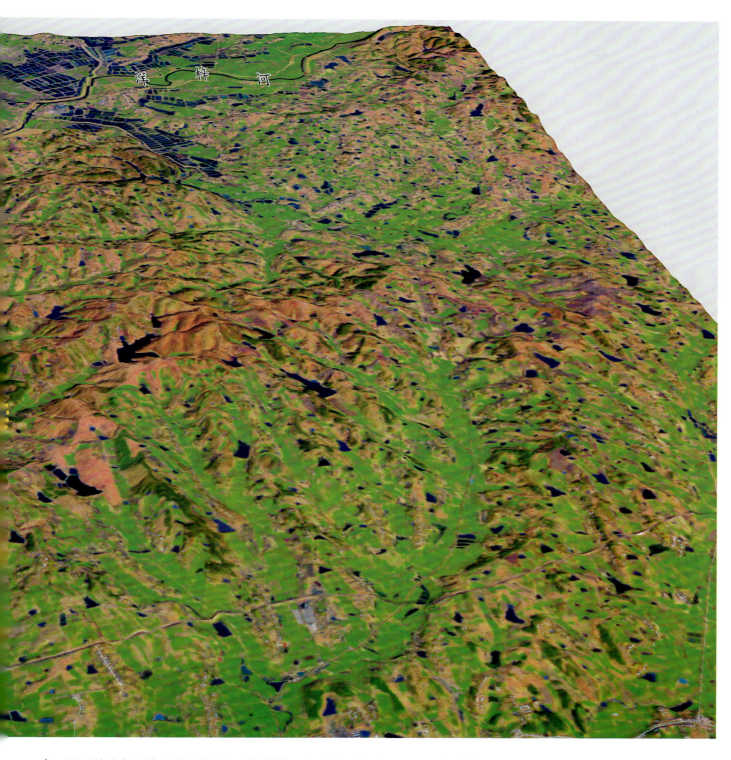

洋 梓 河

明显陵在规划布局上利用中国传统的风水理论，将陵区四周所有的山体、水系、林木植被都作为陵寝的构成要素来统一布局和安排。从大形势上看，北有汉水支流洋梓河，南有莫愁湖，汉水从西北向东南蜿蜒，对整个地形起环抱之势。从局部区域来看，陵区后部和东西两侧的山体为纯德山（原名松林山），呈"∩"形，以此作为陵寝的祖山和两侧的环护，中间台地安排建筑，南面开阔，并有天子岗作为案山，构成"前朱雀、后玄武、左青龙、右白虎"的上乘风水格局。

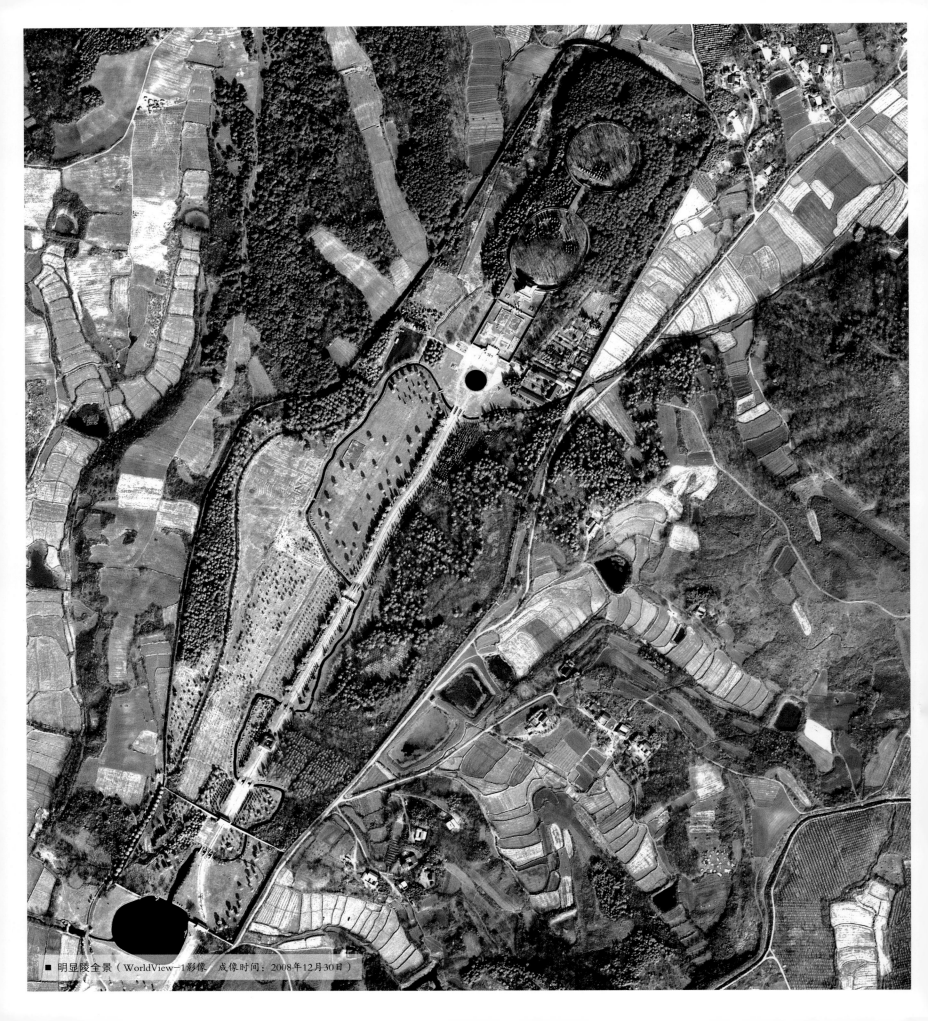

■ 明显陵全景（WorldView-1影像 成像时间：2008年12月30日）

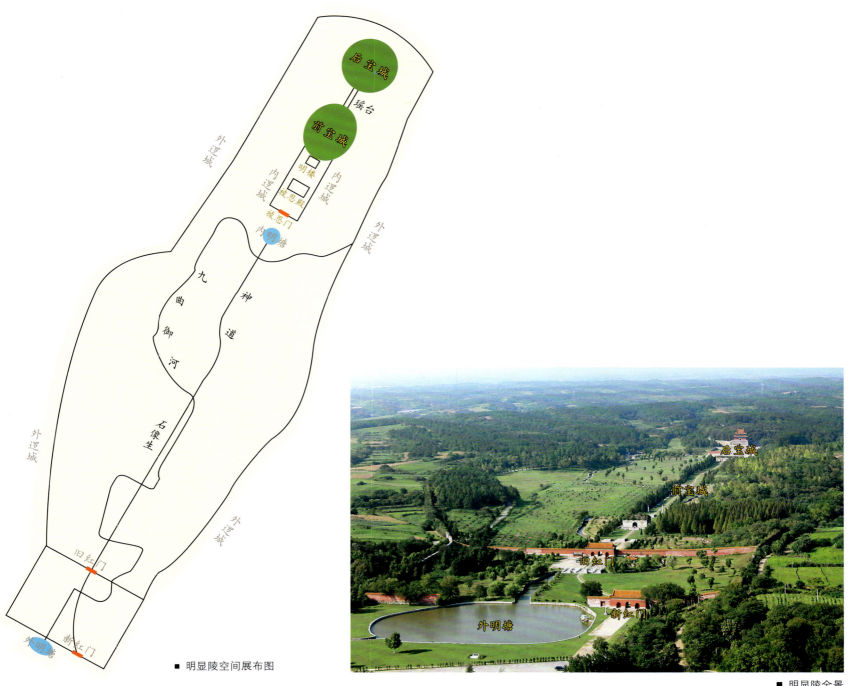

■ 明显陵空间展布图

■ 明显陵全景

明显陵宝瓶状的外逻城、九曲回环的御河、自然弯曲的龙鳞神道体现了陵制与山水相衬的原则。整个陵园坐北朝南，按"前朝后寝"的制式布局。前朝由祾恩门、祾恩殿等组成，后寝由明楼、宝城等组成。双宝城、双逻城、双明塘、双红门成为明显陵建筑手法的独特之处。前宝城建于正德十五年(1520年)，是墓主人为藩王时建造的亲王坟；后宝城建于嘉靖十八年(1539年)，是墓主人被追尊为皇帝后所建造的宝城，两者由瑶台相连，构成一个相互关联的整体，这种"一陵两冢"的陵寝结构在历代帝王陵墓中绝无仅有。

黄花山

昌瑞

定陵

定东陵

裕陵

西大河

■ 清东陵三维全景

清东陵

清东陵坐落在河北省遵化市境内，西距北京市区125km，其建筑始建于1661年，到1908年最后一位墓主落葬，前后历247年。在占地80km²的15座陵寝中，共葬有5位皇帝、15位皇后、136位嫔妃、2位公主和3位阿哥，共计161位，是中国现存的体系完整的帝王陵墓群之一。

山

孝陵
孝东陵

景陵

主

神

影壁山

道

鹰飞倒仰山

东大河

惠陵
惠东陵

金星山

清东陵沿燕山余脉而建，北有昌瑞山做后靠，南有影壁山做"案山"，再往南有金星山做"朝山"，东有鹰飞倒仰山如青龙盘卧，西有黄花山似白虎雄踞，东大河、西大河环绕夹流似两条玉带。群山环抱的堂局辽阔坦荡，雍容不迫。陵区以昌瑞山主峰下的孝陵为中轴线，主神道直通孝陵，其余陵墓左右对称并列，并遵从"父东子西，父西子东"的建陵规制。

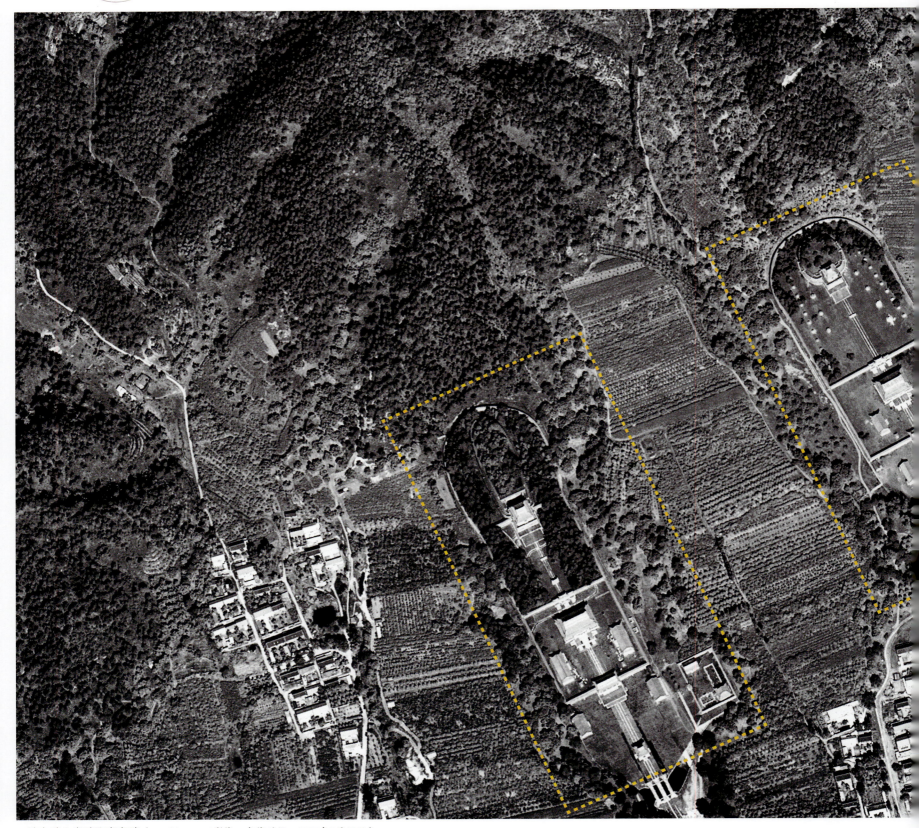

■ 清东陵之孝陵和孝东陵（WorldView-1影像　成像时间：2009年9月15日）

■ 清东陵之景陵（WorldView-1影像　成像时间：2009年9月15日）

景陵 ｜ 景陵是清圣祖爱新觉罗·玄烨（康熙皇帝）的陵寝，大大小小的建筑以一条宽9.7m的神道贯穿成一个完整的序列。该神道南与孝陵神道衔接，北端直达宝城，弯环如龙，盘曲有情。

孝陵 ｜ 左页图左边虚线框内为孝陵，是清世祖爱新觉罗·福临（顺治皇帝）的陵寝，是清东陵中建造最早的一座；右边虚线框内为孝东陵，是顺治皇帝的孝惠章皇后以及28位嫔妃、格格、福晋的陵寝。

平安峪

■ 清东陵之定陵、定东陵、裕陵（WorldView-1影像　成像时间：2009年9月15日）

■ 定东陵全景

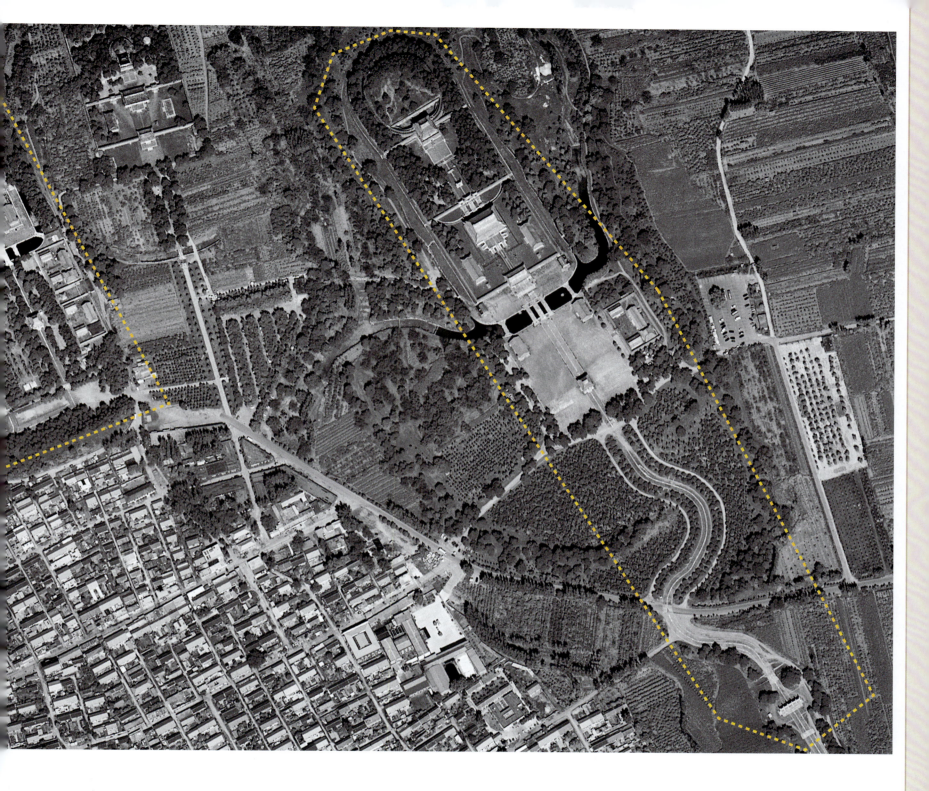

定陵　定东陵　裕陵

上图最左边虚线框所示为定陵，是清文宗爱新觉罗·奕詝（咸丰皇帝）的陵寝，位于清东陵界内最西端的平安峪。中间虚线框所示为定东陵，是咸丰皇帝的孝贞慈安皇后和孝钦慈禧皇后的陵寝。两陵相连，建筑规制完全相同。最右边虚线框所示为裕陵，是清高宗爱新觉罗·弘历（乾隆皇帝）的陵寝。裕陵明堂开阔，气势非凡。

永　　　　宁　　　　山

西华盖山

慕陵

九凤山

昌陵　　　　泰陵

元宝山

北易水河

九龙山

泰华

清西陵

清西陵位于北京西南120km的河北省易县，建于1730～1915年，包括14座陵寝（4座皇帝陵，3座皇后陵，3座妃园寝，4座王爷、公主、阿哥园寝）和 2座附属建筑——永福寺和行宫，占地约18km²。

纵观清西陵的环境格局，是中国古代"天人合一"思想下的人与自然巧妙融合的又一典型案例。

崇陵

永福寺
行宫

■ 清西陵三维全景

　　此地群山高低错落，开合有致，植被丰茂，山川回环。北边连绵的永宁山是清西陵的祖山，巍峨耸拔，
脉秀力丰，如巨龙横卧，俨然一道屏障。形态端庄的元宝山，如持笏朝揖，是陵寝的朝山。东西两侧有
九龙山、九凤山护卫左右，为天造地设的自然门户。稍远处的东、西华盖山，山峰高耸且有插天之势，
恰似两扇大门分列左右。北易水河穿坪蜿蜒流过，使得这里成为"风水宝地"。

泰陵

昌陵

1 2

泰陵 大红门
三架牌坊

■ 清西陵之泰陵和昌陵（QuickBird影像，成像时间：2008年11月24日）

■ 泰陵宫殿区

■ 泰陵三架石牌坊

泰陵和昌陵

泰陵是清世宗爱新觉罗·胤禛（雍正皇帝）的陵寝，居于整个陵区的中心位置，是清西陵中建筑最早、规模最大的一座。泰陵的三架石牌坊(图中红色圆点所示)位于西陵的大红门南侧，一架居中，两架分列东西，这种布局在中国历代帝王陵墓中绝无仅有。

昌陵是清仁宗爱新觉罗·颙琰（嘉庆皇帝）的陵寝，位于泰陵以西 1km，以一条神道与泰陵相接。图中标注❶为陵区主神道；❷是为了保护神道而修建的辅路。

■ 清西陵之慕陵（QuickBird影像　成像时间：2008年11月24日）

慕陵 慕陵位于昌陵西15km处，是清宣宗爱新觉罗·旻宁（道光皇帝）的陵寝。与清东、西两陵的其他陵墓相比，慕陵的规制比较简单，整体规模也较小，无方城、明楼、神功圣德碑和石像生等建筑。

崇

崇
妃
陵

陵

■ 清西陵之崇陵（QuickBird影像　成像时间：2008年11月24日）

■ 崇陵全景

■ 崇陵宝顶和宝城

崇陵

影像图中左边为崇陵，是清德宗爱新觉罗·载湉（光绪皇帝）的陵寝，位于泰陵的东南约5km处，是中国皇家帝陵中最后一座。右边为崇妃陵寝。崇陵的牌坊（图中黄色虚线框所示）为木石相间结构，而且只有一架。无论是从规模还是用料、寓意和雕刻上都无法与泰陵的牌坊相媲美。

启运山

永陵

苏 子 河

烟 囱 山

■ 盛京三陵之永陵（SPOT影像　成像时间：2003年9月28日）

永陵

盛京三陵包括位于抚顺市的永陵，沈阳市的福陵和昭陵。永陵坐落于辽宁新宾满族自治县城西21km处的永陵镇，地处群山环绕之中，背依启运山，前临苏子河，河南岸有烟囱山与启运山遥相呼应。

一陵多葬、君臣共陵、帝后聚葬是清永陵的一大特征。永陵中四皇帝四皇后的神功圣德碑楼构成四祖碑楼，是清帝陵寝中的特例。

天 柱 山

福

陵

一百单八磴

大红门

■ 盛京三陵之福陵（QuickBird影像　成像时间：2009年9月24日）

■ 一百单八磴

福陵

福陵是清朝开国皇帝清太祖爱新觉罗·努尔哈赤（天命皇帝）和皇后叶赫那拉氏的陵寝。福陵地处沈阳市东郊10km的天柱山上，整个陵寝建筑群依山势修建在北高南低的山坡上，由大红门到碑楼，须登108级石台阶，使得整个陵寝显得高大雄伟。

■ 盛京三陵之福陵（航空影像　成像时间：2007年6月）

隆业山

玉 带 河

■ 盛京三陵之昭陵（航空影像　成像时间：2007年6月）

昭陵 昭陵是清太宗爱新觉罗·皇太极（天聪、崇德皇帝）以及孝端文皇后博乐济吉特氏的陵寝，是清初"关外三陵"中规模最大、气势最宏伟的一座。昭陵处于"龙冈"之脊，所在的山冈为隆业山。玉带河为人工河，为雨水排出的渠道，起着保护陵寝的作用。

■ 昭陵宝顶和宝城

■ 盛京三陵之昭陵（QuickBird影像　成像时间：2009年4月8日）

■ 昭陵隆恩殿

昭陵陵寝建筑的平面布局遵循"前朝后寝"的原则，其主体建筑都建在中轴线上，两侧对称排列，系仿自明代皇陵而又具有满族陵寝的特点。

昭陵的一大特色是漫漫数里的古松群。现存古松两千余棵，松龄达三百多年，参天蔽日。1927年，以陵寝为中心辟为"北陵公园"，如今占地面积3.3km²。

曲阜孔庙孔林孔府

Temple and Cemetery of Confucius and the Kong Family Mansion in Qufu

北纬35°36′

东经116°58′

地理坐标：北纬35°36′，东经116°58′
遗产遴选标准：(i) (iv) (vi)
入选时间：1994年12月

孔 林

曲 阜 市

孔府

孔庙

0 0.25 0.5km

■ 曲阜孔庙、孔林和孔府地理位置（SPOT影像　成像时间：2004年12月7日）

曲阜孔庙孔林孔府

统称"三孔"，是中国历代纪念孔子、推崇儒学的历史遗存。孔子是公元前6世纪到公元前5世纪中国春秋时期伟大的哲学家、政治家和教育家。孔庙、孔府及孔林整体分布在曲阜市中心的南北轴线上，曲阜市即基于该轴线展开建设布局。

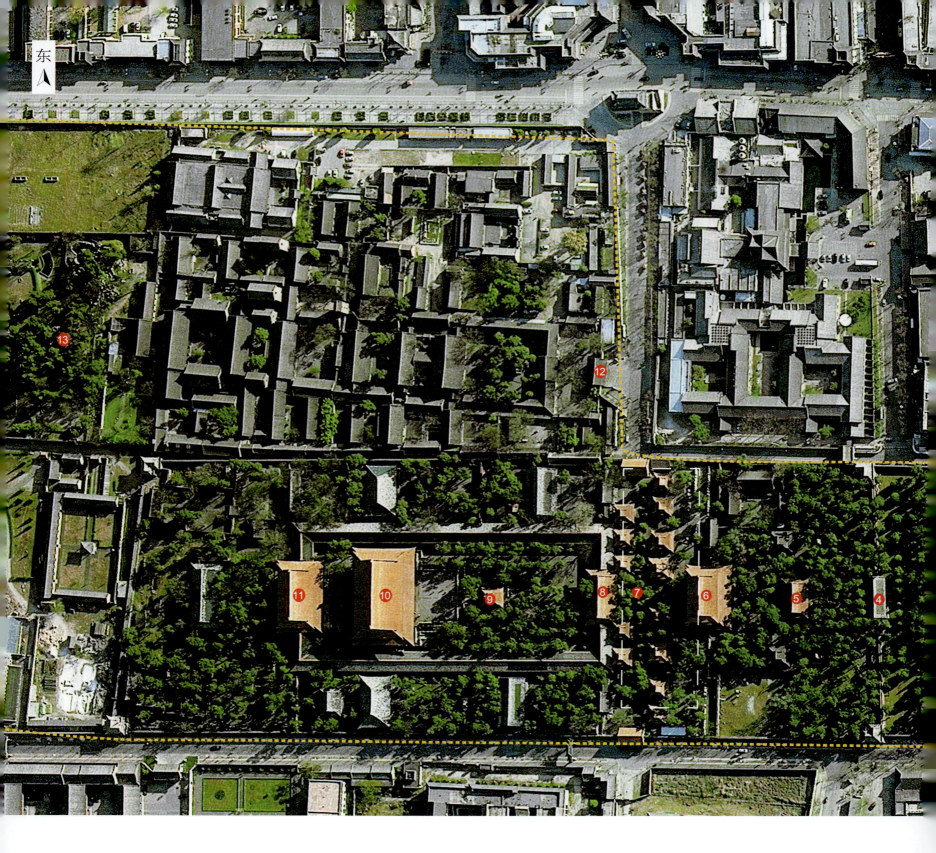

東

孔庙

孔庙是孔子去世后次年（公元前478年）在孔子的故居上修建起来的，到今天已经成为超过100座殿堂、规模宏大的古建筑群（黄色虚线内），主要建筑体由中轴线上的奎文阁、十三碑亭、杏坛、大成殿、寝殿等组成。大成殿是孔庙的正殿，也是孔庙的核心，殿高24.8m，长45.69m，宽24.85m，坐落在2.1m高的殿基上，为全庙最高建筑，是中国最著名的大殿之一。

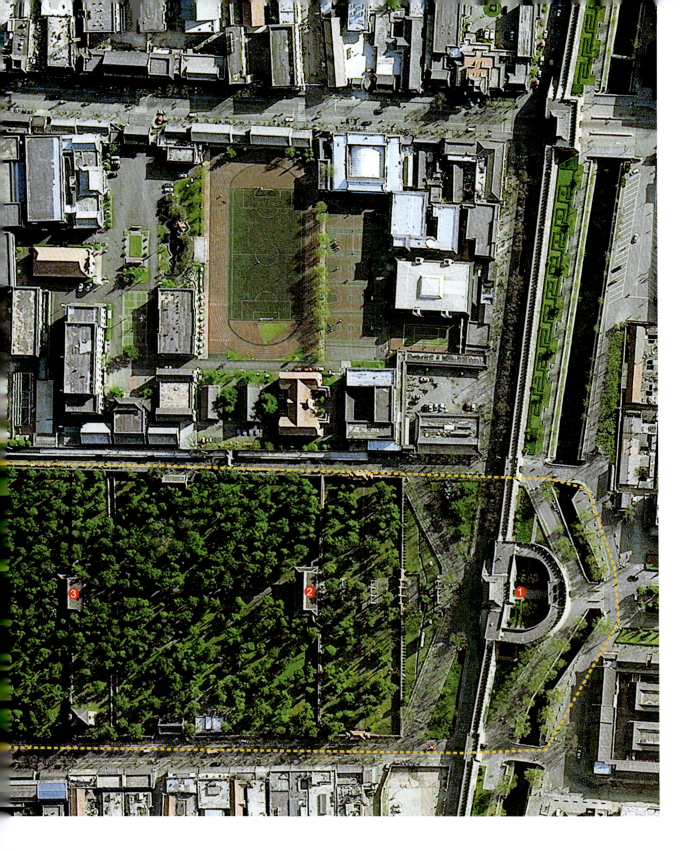

■ 孔府和孔庙全景（航空影像　成像
时间：2008年6月）

孔庙

1 金声玉振坊	**7** 十三碑亭
2 圣时门	**8** 大成门
3 弘道门	**9** 杏坛
4 大中门	**10** 大成殿
5 同文门	**11** 寝殿
6 奎文阁	

孔府

12 孔府正门

13 铁山园

孔府 | 孔府与孔庙为邻，是我国保存最为完整，规模仅次于明、清皇帝宫室的贵族府第，有厅、堂、楼、轩等各式建筑。

孔林

孔林位于曲阜城北，是孔子及其家族的专用墓地，是目前中国延时最久、面积最大、保存最完整的家族墓地。孔子及其儿子孔鲤、孙子孔伋三座墓构成孔林的核心区（黄色虚线框所示），还葬有超过10万的孔氏后裔。

■ 孔林全景（航空影像 成像时间：2008年6月）

■ 孔子墓

北京皇家园林
——颐和园

Summer Palace, An Imperial Garden in Beijing

北纬39° 54′

东经116° 08′

地理坐标：北纬39° 54′，东经116° 08′
遗产遴选标准：(i) (ii) (iii)
入选时间：1998年11月

万 寿 山

政务居住区

昆 明 湖

■ 颐和园全景（QuickBird影像　成像时间：2009年3月22日）

颐和园

位于北京市西北郊。颐和园是乾隆皇帝为庆贺其母60岁大寿在明代"好山园"旧址上营建的，原称为"清漪园"。1860年，颐和园被英法联军焚毁。1886年，慈禧因养老之需开始重建。两年后，光绪皇帝将其命名为"颐和园"，即供慈禧太后"颐养天年"之意。

颐和园汲取了江南园林的设计手法，是一座大型天然山水园，至今是中国保存最完整的一座皇家御苑，与承德的避暑山庄、苏州的拙政园和留园并称中国四大名园。颐和园主要由万寿山、昆明湖、政务居住区三个区域组成。

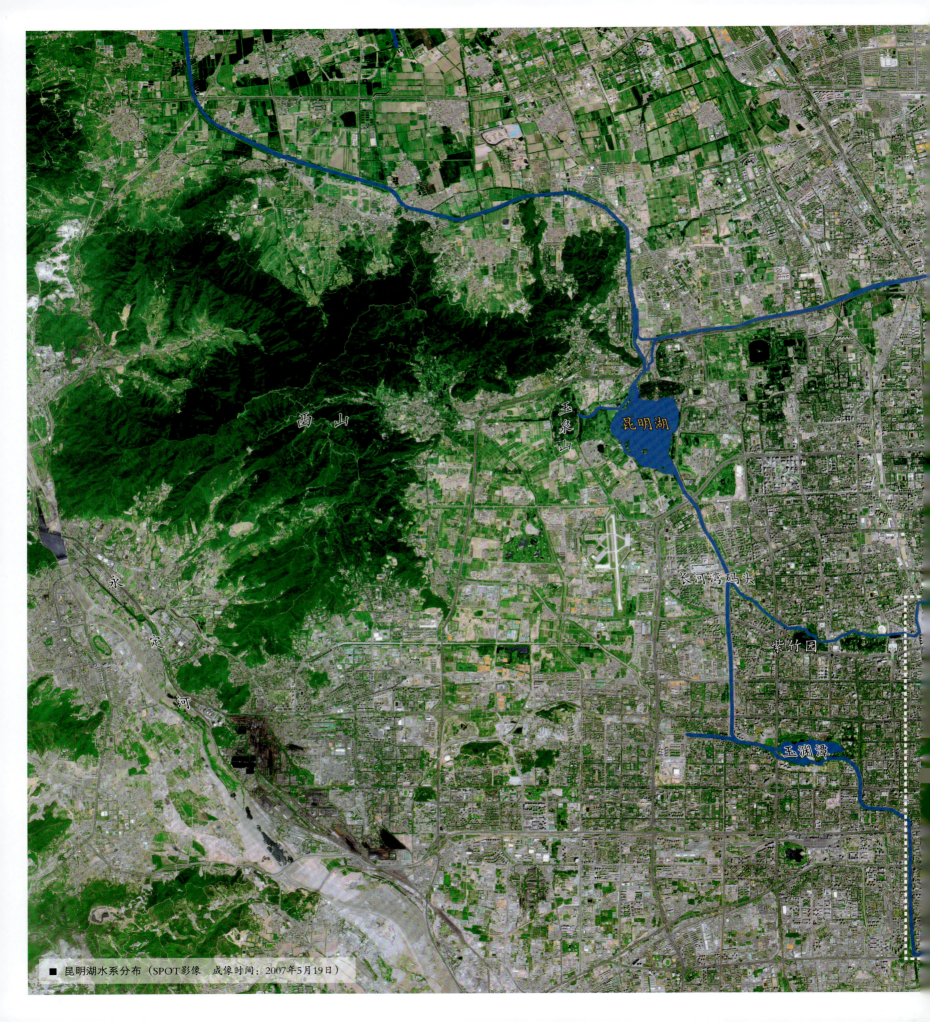

西 山

玉泉山

昆明湖

永

定

河

长河湾码头

紫竹园

玉渊潭

■ 昆明湖水系分布（SPOT影像　成像时间：2007年5月19日）

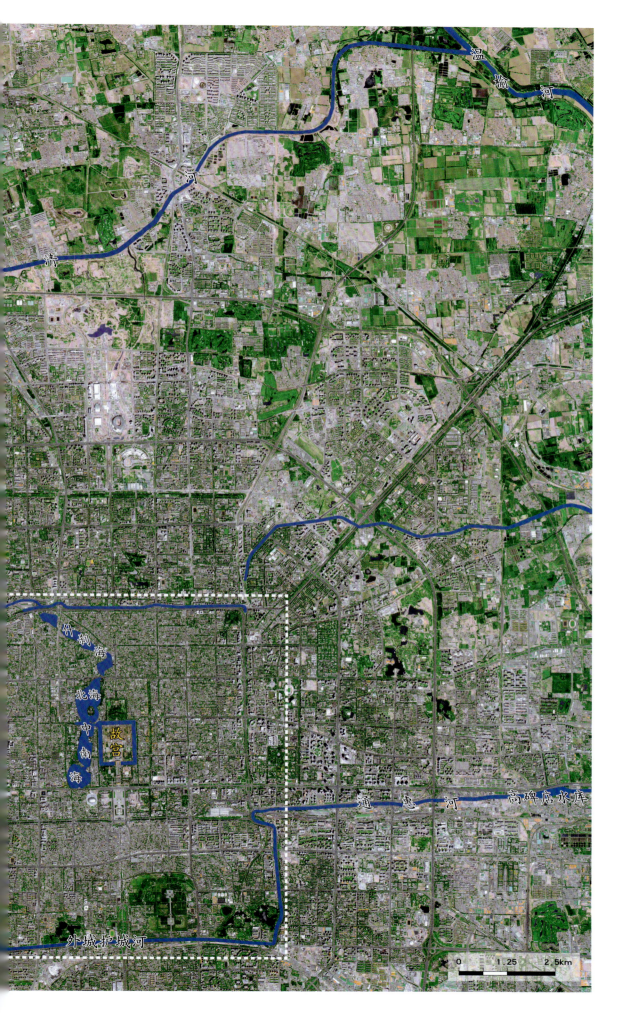

颐和园以玉泉山和西山为背景，显得山外有山。昆明湖平铺在万寿山南麓，原为一处天然湖泊，在当时主要用于解决宫廷用水问题，后经人工改造形成今日面貌。密云水库的水自北向南流入昆明湖，然后从昆明湖的东南角流向北京古城（图中虚线框所示），到长河湾码头分为两支，一支从紫竹园、什刹海，到达北海和中南海，再从故宫前的外金水河流向通惠河与高碑店水库；另一支向南流向玉渊潭、外城护城河、通惠河与高碑店水库，最终注入通州的大运河。

■ 十七孔桥

昆明湖 | 昆明湖平铺在万寿山南麓，由三个大小不等的水域构成，每个水域各有一个湖心岛（右图中圆形虚线框所示），三岛在湖面上成鼎足而峙的布列，象征着中国古老传说中的东海三神山——蓬莱、方丈、瀛洲。十七孔桥坐落在昆明湖上，为园中最大石桥。石桥宽8m，长150m，由17个桥洞组成。

昆　明　湖

十七孔桥

■ 昆明湖全景（IKONOS影像　成像时间：2002年5月3日）

后 湖

苏 州 街 后 湖

四大部洲

⑥

⑤

④

③

②

① 廊

长

昆 明

万寿山 万寿山属燕山余脉，分前山和后山两部分。前山以八面三层四重檐的佛香阁为中心，组成巨大的主体建筑群。从山脚的"云辉玉宇"牌楼，经排云门、排云殿、德辉殿、佛香阁，直至山顶的智慧海，形成一条层层上升的中轴线。与中央建筑群的纵向轴线相呼应的是横贯山麓、沿湖北岸东西逶迤的长廊，全长728m。后山有佛教世界的汉藏式建筑四大部洲和仿苏州买卖街而建的苏州街。

后湖

湖

■ 佛香阁

■ 万寿山全景（航空影像　成像时间：2009年8月13日）

❶ 牌楼　　　❹ 德辉殿
❷ 排云门　　❺ 佛香阁
❸ 排云殿　　❻ 智慧海

■ 德和园大戏楼

长 廊

乐 寿 堂

政务居住区

政务居住区包括以仁寿殿为中心的政务活动区和以乐寿堂为主体的生活居住区。仁寿殿是慈禧太后和光绪皇帝坐朝听政、会见外宾的大殿。乐寿堂是生活居住区的主建筑，面临昆明湖，背倚万寿山，东达仁寿殿，西接长廊。德和园大戏楼与承德避暑山庄里的清音阁、紫禁城内的畅音阁合称"清代三大戏台"。戏楼共3层，高21m，在颐和园中仅次于最高的佛香阁。

德和园大戏楼

仁寿殿

政务居住区（航空影像　成像时间：2009年8月13日）

承德避暑山庄及其周围寺庙

Mountain Resort and its Outlying Temples, Chengde

北纬40°59′

东经117°56′

地理坐标：北纬40°59′，东经117°56′

遗产遴选标准：(ii) (iv)

入选时间：1994年12月

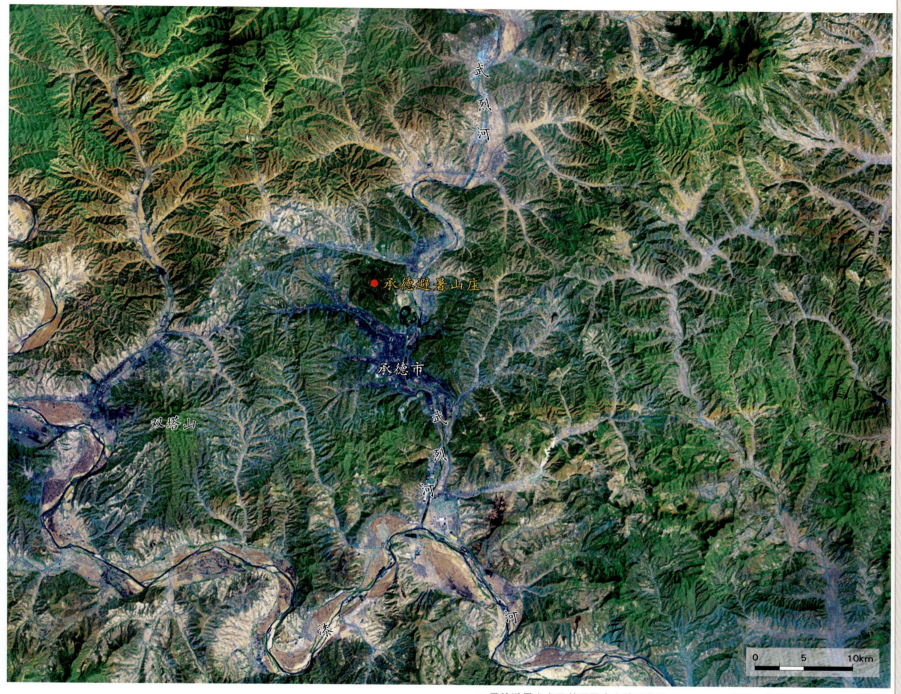

武烈河

● 承德避暑山庄

承德市

双塔山

武烈河

漆 河

0　　5　　10km

■ 承德避暑山庄及其周围寺庙地理位置（Landsat/TM影像　成像时间：2003年5月2日）

承德避暑山庄及其周围寺庙

位于河北省承德市北部，修建于1703~1792年，历时89年，由避暑山庄和周围12座金碧辉煌、雄伟壮观的皇家寺庙组成，是中国现存最大的古典皇家园林和规模最大的皇家寺庙建筑群。避暑山庄是中国清朝的园林式皇宫。清朝康熙、乾隆、嘉庆几代皇帝每年夏、秋两季约半年时间在避暑山庄处理军政要事。避暑山庄及周围寺庙是中国古代帝王宫苑与皇家寺庙完美融合的典型范例，标志着中国古代造园与建筑艺术的巨大成就。

山 区

平 原 区

湖

承 德 市

宫 殿 区

■ 烟雨楼

承德避暑山庄 避暑山庄占地5.64km²，位于承德市武列河西岸。总体分为宫殿区、湖区、平原区和山区四部分，依自然地势形成东南湖区、西北山区和北部草原的整体布局。避暑山庄继承和发展了中国古典园林的传统造园思想，融合了南北造园特色，展示了中国古代木架结构建筑和园林艺术的高超技艺，实现了人文艺术与自然景观的完美结合，是中国自然山水园林宫苑的杰出代表。

■ 承德避暑山庄（QuickBird影像　成像时间：2009年7月21日）

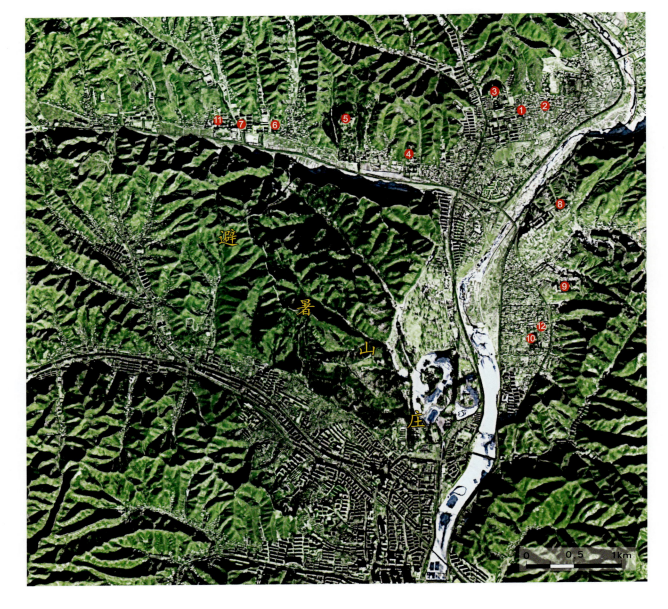

■ 承德避暑山庄寺庙分布
（SPOT影像成像时间：
2005年12月10日）

1 普佑寺

2 广缘寺

3 普宁寺

4 须弥福寿之庙

5 普陀宗乘之庙

6 殊像寺

7 广安寺（遗址）

8 安远庙

9 普乐寺

10 溥仁寺

11 罗汉堂（遗址）

12 溥善寺（遗址）

周围寺庙

避暑山庄周围寺庙由5座汉式、3座藏式、4座汉藏结合式共12座寺庙组成，现存9座，另3座为遗址。它是清政府为了绥抚蒙、藏等边疆少数民族，尊崇少数民族宗教信仰而建造的进行宗教政治活动的皇家寺庙。其形制包含了中国佛教建筑中的汉式、藏式和汉藏结合式三大类型，充分体现了三者之间的相互借鉴与融通。

殊像寺、广缘寺、溥仁寺、溥善寺、罗汉堂为汉式寺庙，即以汉式传统按中轴线平面对称布局为主的寺庙建筑。普陀宗乘之庙、须弥福寿之庙、广安寺为藏式寺庙，依山势层层修建、散落布局，主体建筑轮廓突出。普宁寺、普佑寺、安远庙、普乐寺属于汉藏结合式寺庙，其特点是寺庙前部为汉式建筑形制，后部为藏式建筑形制。

須彌福壽之庙

普陀宗乘之庙

■ 须弥福寿之庙（部分）和普陀宗乘之庙（QuickBird影像　成像时间：2009年7月21日）

■ 须弥福寿之庙

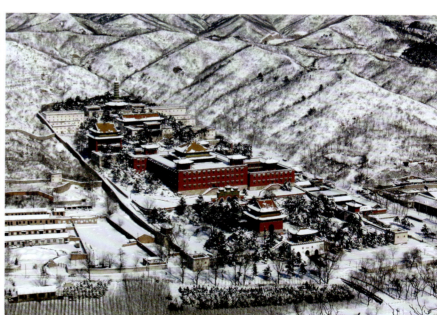

■ 普陀宗乘之庙

与按中轴线平面对称布局的汉式寺庙不同，普陀宗乘之庙和须弥福寺之庙依山势而建，无明显的中轴线。

苏州古典园林

Classical Gardens of Suzhou

北纬31° 19′

东经120° 27′

地理坐标：北纬31° 19′，东经120° 27′
遗产遴选标准：(i) (ii) (iii) (iv) (v)
入选时间：拙政园 留园 网师园 环秀山庄 1997年12月
沧浪亭 狮子林 艺圃 耦园 退思园 2000年11月

泰兴

靖江

南通

常州

常熟

无锡

长

江

太仓

昆山

苏州

上海

太湖

东　海

湖州

0　5　10km

■ 苏州在长江三角洲的地理位置（4景Landsat/TM影像镶嵌　成像时间：2000年和2001年）

苏州古典园林

位于江苏省苏州市。苏州是一座具有2500余年历史的文化古城，它濒临东海，西抱太湖，北靠长江，地势平坦，湖塘沟渠星罗棋布，京杭大运河穿城而过，极具水利优势。因水就势造园，附近盛产太湖石适合堆砌玲珑精巧的假山用来模拟自然风光，于是创造了"城市山林"、"居闹市而近自然"的理想空间。自公元前514年春秋吴国建都以来，苏州一直是江南地区一个重要的政治、经济和文化中心。官富民殷，加之苏州民风历来崇尚艺术、追求完美，有条件追求高质量的居住环境。这些优越的自然、经济、文化以及政治条件促成了苏州园林的形成与发展。

明、清时期，苏州成为中国最繁华的地区，私家园林遍布古城内外，16～18世纪达到鼎盛，有园林200余处，目前保存完好的仍有数十处。

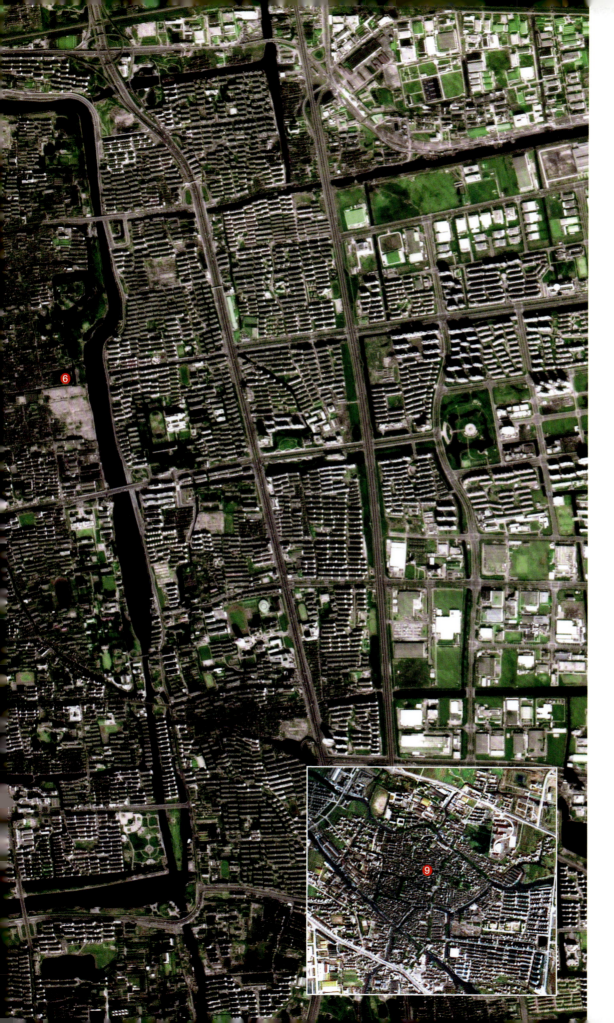

■ 苏州古典园林分布（SPOT影像　成像
　时间：2005年2月3号）

❶ 拙政园　　❹ 艺圃　　❼ 网师园

❷ 狮子林　　❺ 环秀山庄　❽ 沧浪亭

❸ 留园　　　❻ 耦园　　❾ 退思园

苏州园林共有九处入选世界文化遗产，影像上显示了其空间位置关系。这些园林分布在纵横主水道（渠）的交叉处，便于园林的引水与排水；同时，应用中国独特的造园手法，师法自然，在城市有限的空间内叠山理水、栽树植花，创造出充满诗情画意的园林景观。

拙政园 拙政园是苏州最大的一处园林，也是苏州园林的代表作。园区中部山水明秀，花木繁茂，是全园的精华所在。

狮子林 狮子林是元代园林的代表，园内假山遍布，长廊环绕，楼台隐现，曲径通幽。

■ 拙政园与狮子林（QuickBird影像 成像时间：2007年1月2日）

■ 拙政园

■ 狮子林

沧浪亭

沧浪亭始建于北宋时期（约1044年），为苏州现存历史最悠久的一处园林。园内景色自然，建筑朴实简雅。

■ 沧浪亭（QuickBird影像　成像时间：2007年1月2日）

■ 沧浪亭夏日景象

■ 沧浪亭冬日景象

丽江古城

Old Town of Lijiang

北纬26°52′

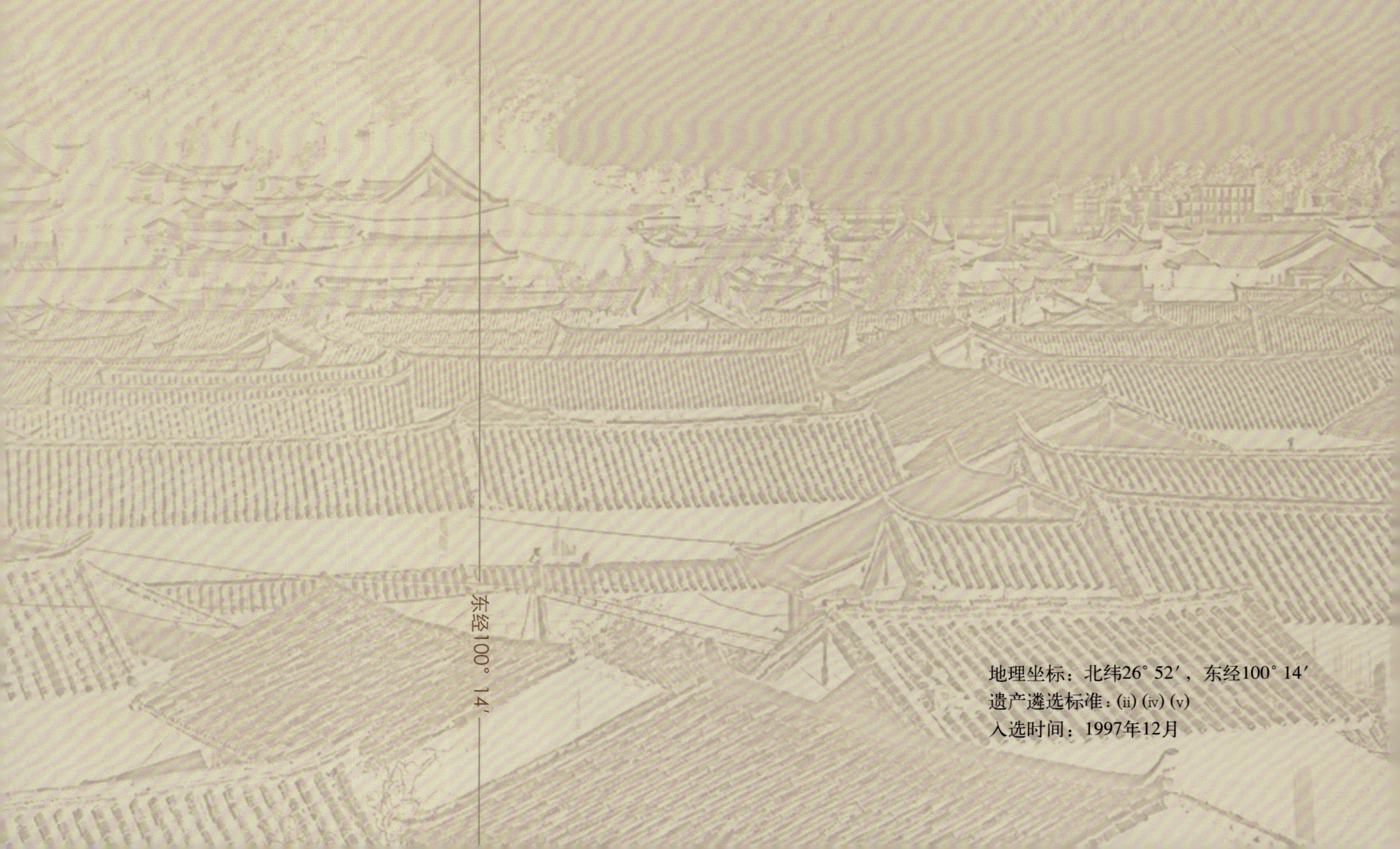

东经100°14′

地理坐标：北纬26°52′，东经100°14′
遗产遴选标准：(ii) (iv) (v)
入选时间：1997年12月

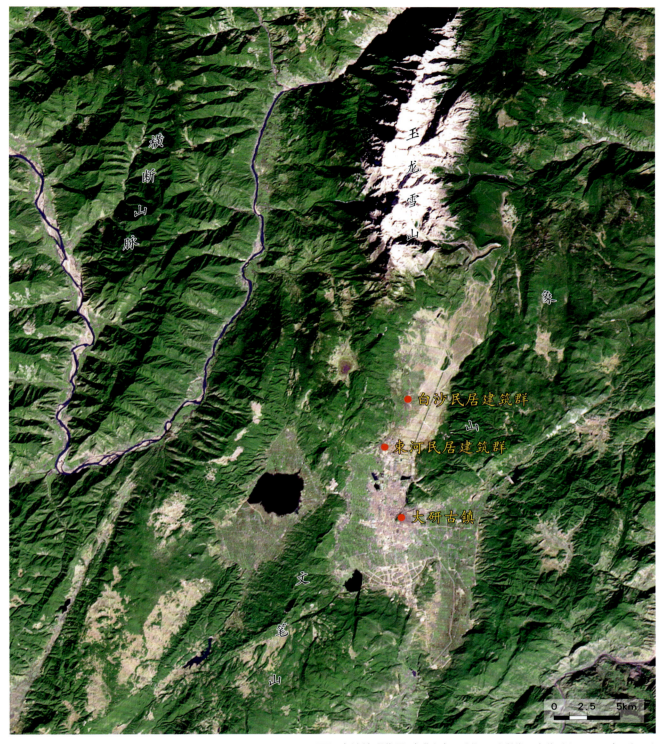

横断山脉

玉龙雪山

雾

白沙民居建筑群

束河民居建筑群

大研古镇

山

文笔山

0   2.5   5km

■ 丽江古城地理位置（"北京一号"卫星影像　成像时间：2004年9月3日）

丽江古城

位于云南省丽江市古城区和玉龙纳西族自治县境内，始建于南宋末年（13世纪后期），具有800多年历史。入选《世界遗产名录》包括大研古镇、束河民居建筑群、白沙民居建筑群三部分。整个布局是三山为屏、一川相连、坐靠西北、放眼东南。西北以山为屏，挡住了冬季西北的寒风；东面和南面与开阔坪坝相连，光照充足。优越的地理位置与良好的生存环境为古城的长期发展提供了物质保障。从丽江古城往北眺望，可直接领略玉龙雪山的美丽景色。

白沙民居建筑群

束河民居建筑群

象

山

大研古镇

■ 丽江古城世界遗产分布(SPOT影像 成像时间：2003年12月16日)

■ 大研古镇

大研古镇由丽江木氏先祖在南宋末年负责兴建，其选址充分利用了地理环境及黑龙潭水源，总体上坐西北而朝东南，北依金虹山，西枕狮子山，东南接辽阔平川，建筑物依山就势，层叠起伏。

束河民居建筑群在丽江古城西北4km处，是丽江古城周边的一个小集市。束河依山傍水，民居房舍错落有致。

白沙民居建筑群位于大研古城北8km处，曾是宋、元时期丽江的政治、经济文化中心，其建筑群分布在一条南北走向的主轴上，中心有一个梯形广场，四条巷道从广场通向四方。

黑龙潭

象山

玉泉河

玉龙桥

东河

中河

西河

四方街

狮子山

■ 大研古镇示意图

0   1   2km

大 研 古 镇

木府

■ 木府（QuickBird影像，成像时间：2005年6月3日）

大研古镇没有围墙，成不规则形状，主街道均有中心广场，街道多蜿蜒曲折。玉龙雪山融化的雪水汇集于古镇的北部形成了一个天然的湖泊，名为黑龙潭。黑龙潭是大研古城的主要水源，潭水由北向南流至双石桥下分成东河、中河、西河。三股支流并进而分成无数细流，穿巷走户，流遍全城，以满足全城、居民生活用水与消防的需要。

■ 木府

木府 | 13世纪，明朝皇帝为了表彰纳西族首领的归顺，亲赐忠义牌坊，并赐予"木"姓，授予他世代统治丽江地区的最高权力，由此仿照紫禁城格局在大研古镇上修建了木府建筑群。

世界遗产遥感图集 《中国篇》
Atlas of Remote Sensing for World Heritage: China

平遥古城
Ancient City of Ping Yao

北纬37°12′

东经112°09′

地理坐标：北纬37°12′，东经112°09′
遗产遴选标准：(ii)(iii)(iv)
入选时间：1997年12月

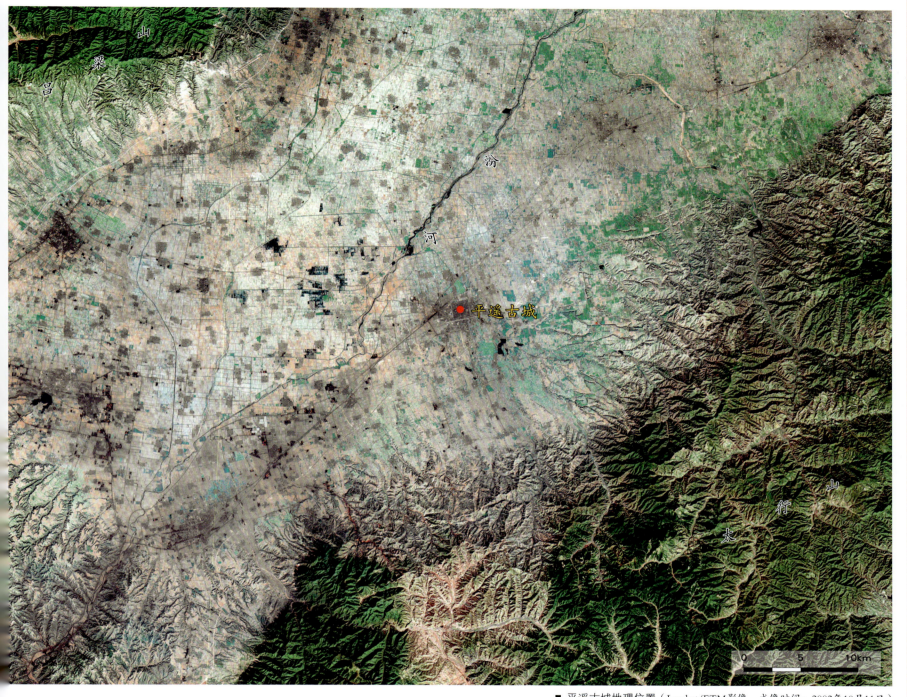

吕
梁
山

汾

河

● 平遥古城

太
行
山

■ 平遥古城地理位置（Landsat/ETM影像　成像时间：2002年10月11日）

平遥古城

位于山西省中部平原南端，东接太行山，西临吕梁山，是目前保存最完整的古代县城格局。始建于西周宣王时期（公元前827～前782年），距今已有2800年历史。当时的周王朝为抵挡北方游牧民族的侵扰建立了这座古城。平遥曾是清代晚期中国的金融中心。

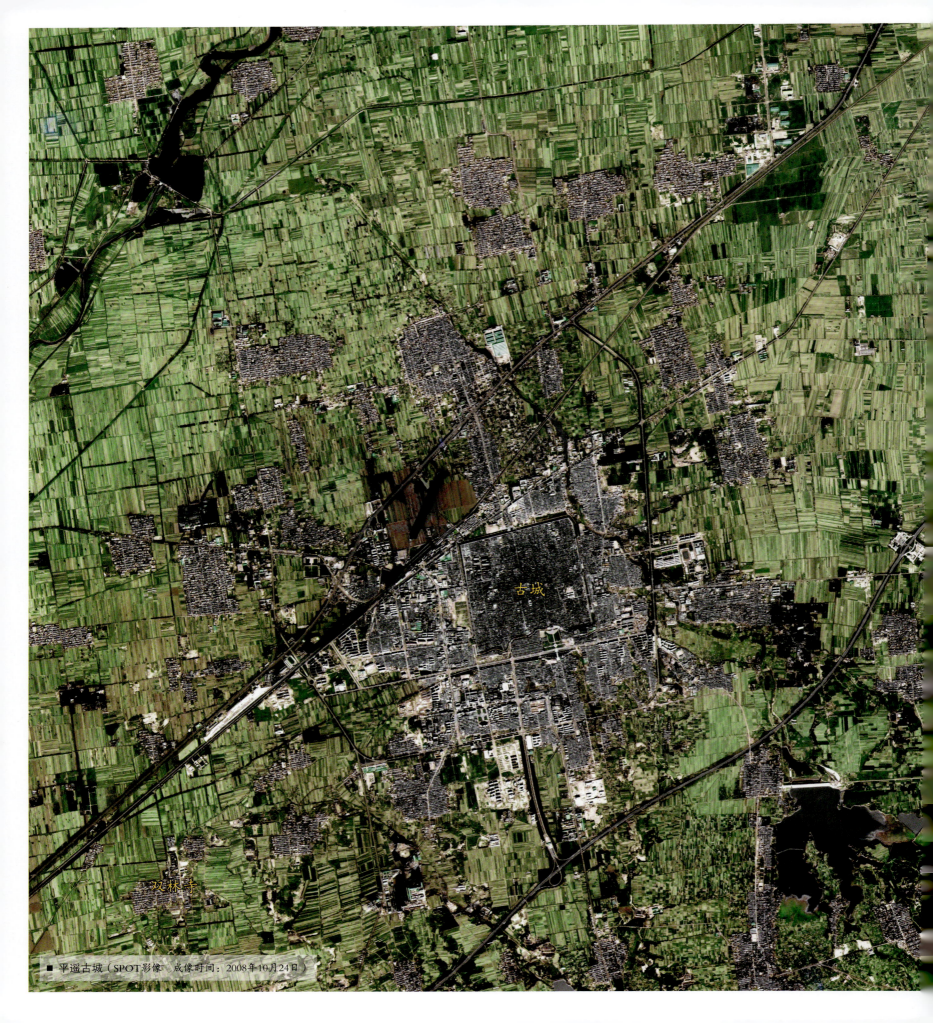

古城

双林寺

■ 平遥古城（SPOT影像 成像时间：2008年10月24日）

镇国寺

■ 太和门城墙

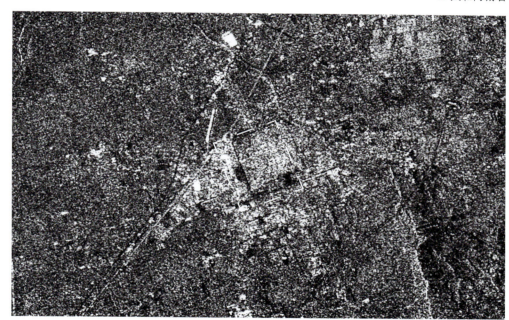

■ 古城（Envisat-ASAR图像　成像时间：2003年12月9日）

平遥古城

入选《世界遗产名录》的平遥古城包括古城本身、双林寺和镇国寺三处。镇国寺位于古城东北12km处，始建于963年，后历经各个朝代修缮。寺内的主要建筑有万佛殿和三佛楼分别保存有佛像和明代壁画。双林寺位于古城西南6km处，寺内保存有宋、元、明、清四个朝代的彩塑群体。

平遥古城具有完整的城墙。城墙全长6162.7m，高达12m，城墙外有护城河。

■ 南大街街景

■ 城隍庙

古城

平遥古城大致呈正方形，其道路网格井然有序，由四条贯穿东西及南北的大街、八条均匀分布的小街和七十二条纵横交错的小巷构成。平遥古城民居建筑属于中国北方的四合院形式，院落多坐北朝南，其独特之处在于保留了西北地区窑洞的建筑风格。古城城门为六座，南北各一，东西各二。

屹立在东南墙头的建筑为魁星楼，与其遥遥相对的是祭祀孔子的文庙。位于城东的城隍庙是清代规制。

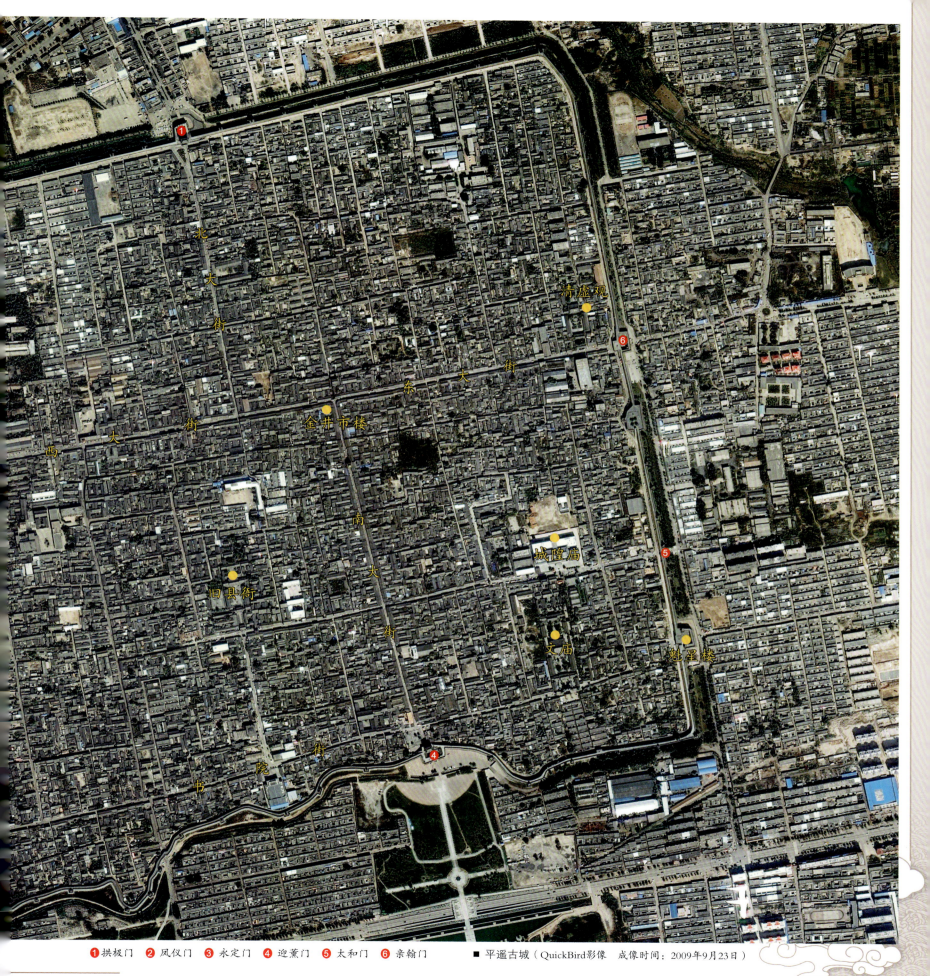

北大街

西大街

东大街

南大街

书院街

清虚观

金井市楼

城隍庙

回县衙

文庙

魁星楼

❶拱极门　❷凤仪门　❸永定门　❹迎薰门　❺太和门　❻亲翰门　　　■ 平遥古城（QuickBird影像　成像时间：2009年9月23日）

皖南古村落——西递和宏村

北纬29°54′

Ancient Villages in Southern Anhui—Xidi and Hongcun

东经117°59′

地理坐标：西递　北纬29°54′，东经117°59′
　　　　　宏村　北纬30°00′，东经117°59′
遗产遴选标准：(iii) (iv) (v)
入选时间：1999年12月

宏村

奇墅水库

龙
川

黟县枧溪河

丰溪

西递

0   2.5   5km

■ 皖南古村落地理位置（Landsat/ETM影像　成像时间：2002年10月8日）

皖南古村落

位于安徽省黟县境内，入选遗产地为西递和宏村两处。西递位于黟县盆地东南，宏村位于盆地东北，它们具有共同的地域文化背景及强烈的徽州文化特色。西递始建于北宋皇祐年间（1049～1053年），因村边有水西流，又因有递送邮件的古驿站，故得名"西递"。宏村又名"弘村"，古取"弘光发达"之意，始建于南宋绍熙年间(1190～1194年)。影像中部的灰色区域是黟县盆地，盆地四周绿色区域为茂密的植被。黟县盆地地势开阔平坦，源于群山的三条主要河溪——龙川、枧溪、丰溪河蜿蜒境内，丰富的资源为居者提供了安居乐业的自然条件。

■ 西递村自然环境（SPOT影像　成像时间：2009年4月2日）

西递｜西递四面环山，地势东高西低，北高南低。整个村落以自然山川形势为依托，沿着溪流的方向延伸，平面上呈中间宽、两头尖的船形，寄托了西递祖先们对一帆风顺、兴旺发达的期盼。

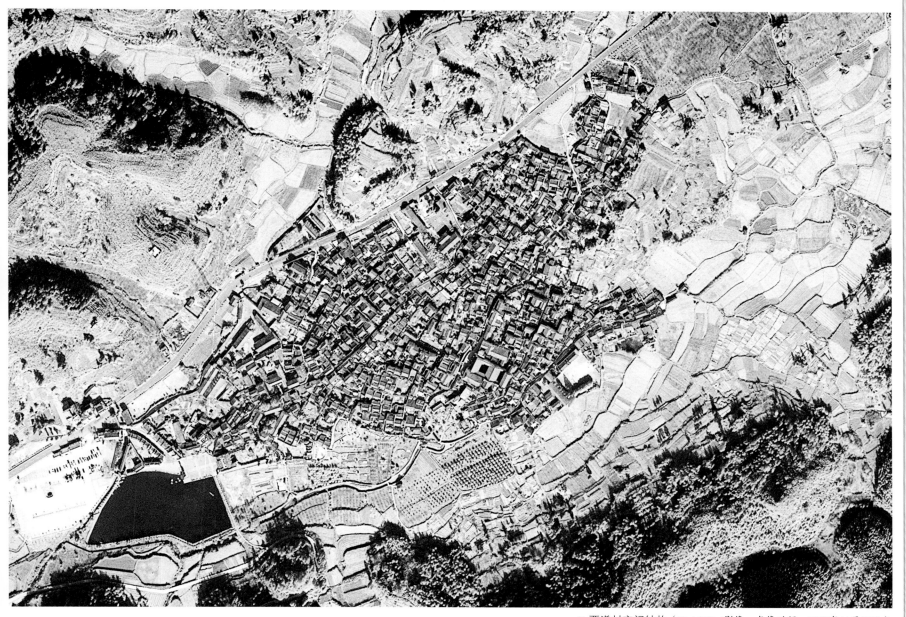

■ 西递村空间结构（QuickBird影像　成像时间：2007年11月23日）

发源于西递村北部山麓的三条溪水环村而过，为村民生活、生产提供了充足的用水。村落沿三条溪带
状布局，住宅多邻水而建，其内部以一条纵向的街道和两条沿溪的道路为主要骨架，构成东向为主、
向南北延伸的村落街巷布局。

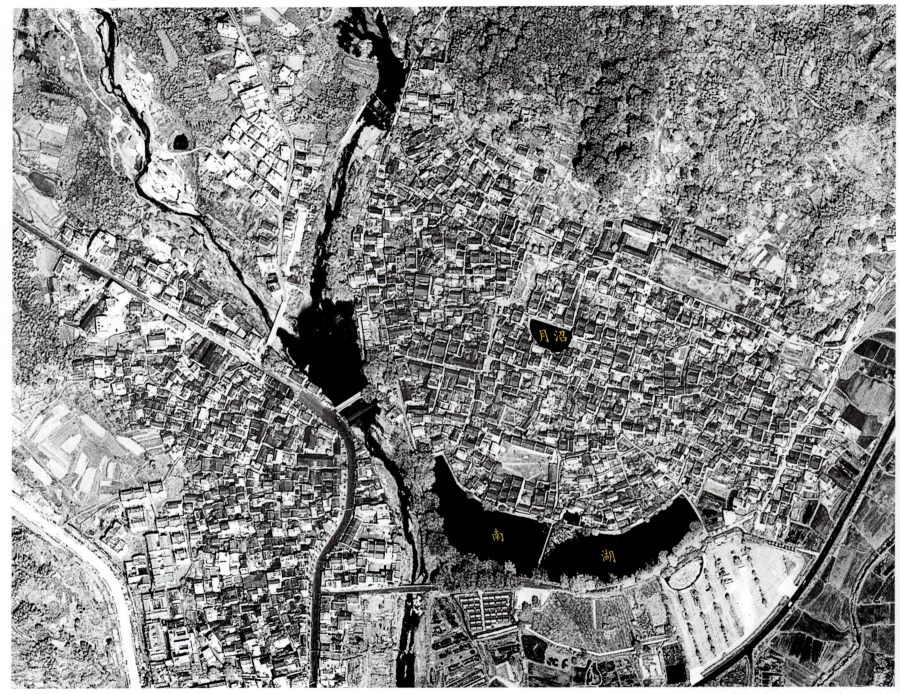

■ 宏村内部结构（QuickBird影像　成像时间：2008年4月18日）

宏村 宏村三面环山，背倚黄山余脉雷岗山，左右有东山和石鼓山，西傍邑溪河和羊栈河。村落布局基本上保持坐北朝南，基址处于山水环抱的中央。

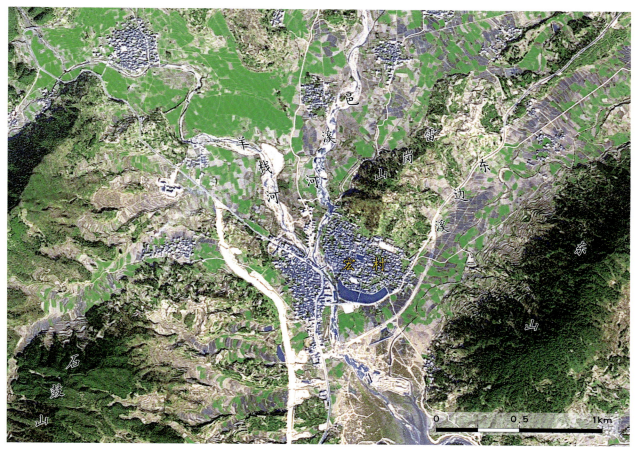

■ 宏村自然环境与空间展布（SPOT影像　成像时间：2009年4月2日）

■ 宏村

宏村的人工水系具有防火和灌溉功能。由地势较高的村西头筑石坝抬升水位，开凿水圳数千米，引溪水入村，由西北向东南，通巷穿屋，流入人工凿成的半月形池塘——月沼，最后汇入南湖。村中心月沼及村南南湖控制着整个村落的水系布局形态，形成宏村独特的村落风貌。

开平碉楼与村落

Kaiping Diaolou and Villages

北纬22°17′

东经112°33′

地理坐标：北纬22°17′，东经112°33′
遗产遴选标准：(ii) (iii) (iv)
入选时间：2007年6月

新兴市

西江

江门市

新会区

潭江

开平市

台山市

恩平市

0　5　10km

■ 开平碉楼地理位置（Landsat/TM影像　成像时间：2005年11月23日）

开平碉楼与村落

位于广东省开平市，始建于清朝初期，拥有碉楼1800余座，分布于15个镇，属于中国乡土建筑中比较特殊的类型，是一种集中西建筑艺术于一体、用来防卫和居住的建筑群体。开平碉楼的兴起与开平的地理环境和过去的社会治安密切相关。在战乱频繁、匪患猖獗的时期，碉楼有效地防御了自然与人为灾害。

自力村碉楼群

三门里迎龙楼

潭

马降龙碉楼群

■ 主要碉楼群空间分布（SPOT影像　成像时间：2008年11月16日）

江

开平碉楼

开平碉楼与村落入选世界遗产的主要有马降龙碉楼群、自力村碉楼群、三门里迎龙楼和锦江里瑞石楼。影像展示了开平碉楼的分布，绿色为植被，蓝色为水体，淡粉色为收割后的农田，白色为空地，浅紫色碎块为建筑物。

0   2.5   5km

马降龙碉楼群

马降龙碉楼群位于马降龙村，背靠百足山，面临潭江，5个自然村错落有致地分布在青山绿水之间。马降龙碉楼群由13座碉楼组成，这些碉楼造型别致，保存完好，掩映于茂密的竹丛中，与自然环境融为一体。据记载，1963年、1965年和1968年开平曾发生3次大水灾，洪水漫过民居屋顶，村民登上碉楼得以避难。

潭江

■ 马降龙碉楼群（QuickBird影像　成像时间：2007年11月4日）

■ 马降龙碉楼群

■ 自力村碉楼群（QuickBird影像　成像时间：2006年12月17日）

■ 自力村碉楼群

自力村碉楼群

自力村碉楼群位于开平市塘口镇，20世纪20年代，当地居民为防御匪患和洪涝灾害而修建的独特建筑。碉楼群建筑精美，布局和谐，错落有致，将中国传统乡村建筑文化与西方建筑文化巧妙地融合在一起。

福建土楼

Fujian Tulou

北纬25°01′

东经117°41′

地理坐标：北纬25°01′，东经117°41′
遗产遴选标准：(iii) (iv) (v)
入选时间：2008年7月

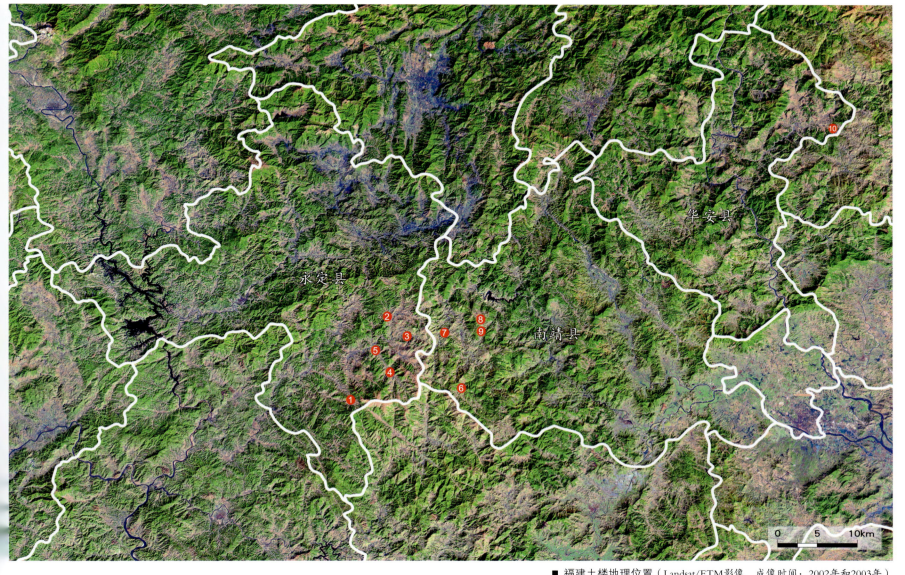

福建土楼地理位置（Landsat/ETM影像　成像时间：2002年和2003年）

永定县

华安县

南靖县

0　5　10km

❶ 初溪土楼群　　❻ 田螺坑土楼群
❷ 洪坑土楼群　　❼ 河坑土楼群
❸ 高北土楼群　　❽ 怀远楼
❹ 衍香楼　　　　❾ 和贵楼
❺ 振福楼　　　　❿ 大地土楼群

福建土楼

主要分布在福建西南永定县和南靖县的交界处及华安县境内，建于宋、元时期，经过明早期和中期的发展，明末、清、民国时期逐渐成熟，并一直延续至今，是世界上独一无二的山区大型夯土民居建筑。福建土楼依山就势，布局合理，适应聚居的生活和防御要求，是一种自成体系且具有节约、坚固、防御的特点，又极富美感的生土高层建筑类型。入选《世界遗产名录》的46座福建土楼由"六群四楼"组成，影像展示了其空间分布。

■ 初溪土楼群（WorldView-1影像　成像时间：2009年5月19日）

初溪土楼群

初溪土楼群由五座圆楼和数十座方楼组成，排列舒展有致。该土楼群位于海拔400～500m的山坡上，周围群山环抱、地形复杂、坡度较大。土楼群整体坐南朝北，影像东南部呈带状的图形是开垦的梯田。

■ 田螺坑土楼群

■ 田螺坑土楼群（SPOT影像　成像时间：2008年2月15日）

田螺坑土楼群

田螺坑土楼群由四座圆楼和一座方楼组合而成，中间为方楼，四座圆楼环绕其周围，依山势错落布局，居高俯视犹如一朵盛开的梅花，又被戏称为"四菜一汤"，旁边两栋楼被形象地称为"一双筷子"。

武当山古建筑群

Ancient Building Complex in the Wudang Mountains

北纬32°28′

东经111°00′

地理坐标：北纬32°28′，东经111°00′
遗产遴选标准：(i) (ii) (vi)
入选时间：1994年12月

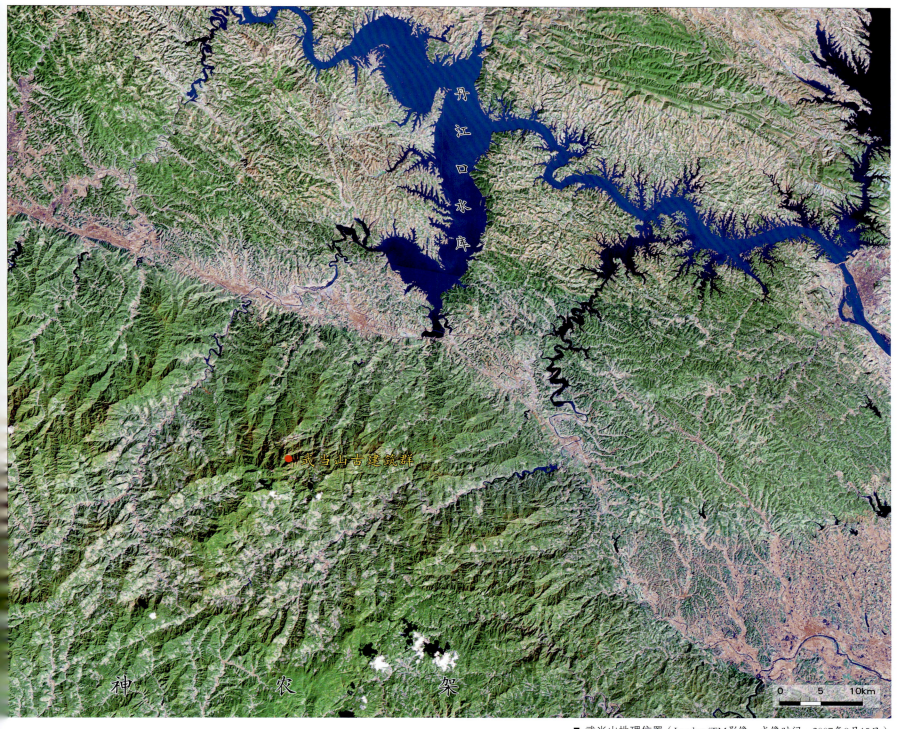

丹江口水库

武当山古建筑群

神 农 架

0 5 10km

■ 武当山地理位置（Landsat/TM影像　成像时间：2007年9月15日）

武当山古建筑群

位于湖北省十堰市境内，南面为神农架原始森林，北面为丹江口水库。武当山为道教名山之一，建有中国规模最大的道教宫观古建筑群，现存大量古建筑多为明代所建。古建筑群达到了明初期中国建筑艺术和建筑美学的最高境界。

武当山在构造运动、流水侵蚀、风化剥蚀、冰川活动等内、外营力作用下，造就了七十二峰的奇特地貌。天柱峰是武当山的主峰，海拔1612.1m，其两侧的山峰近东西向一字排开——东面山峰坡西陡东缓，西面山峰坡东陡西缓，形成两侧群峰向天柱峰朝拜之势，故有"七十二峰朝天顶"的奇观。

天柱峰
(1612m)

■ 武当山三维全景

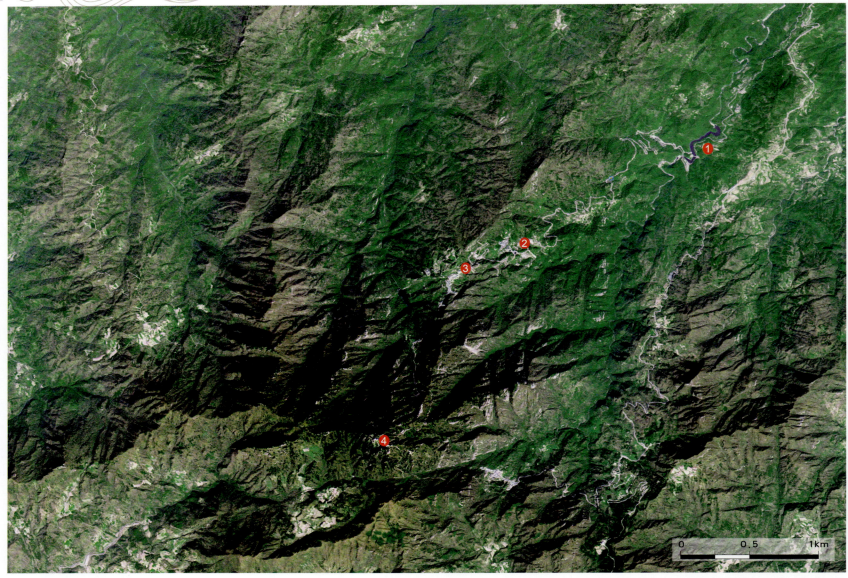

■ 武当山主要古建筑分布（SPOT影像 成像时间：2006年3月29日） ① 复真观 ② 紫霄宫 ③ 南岩宫 ④ 太和宫

现存的武当山古建筑群中，入选《世界遗产名录》的建筑主要包括太和宫、紫霄宫、南岩宫和复真观。这些宫、观从山巅天柱峰的太和宫到山脚下，主要沿着一条青石铺设的神道（影像中白色线条）展布，在建筑理念上充分体现了道教"崇尚自然"的思想。

南岩宫位于武当山独阳岩下，始建于1285年。整个建筑群充分利用了崖洞的奇峭，将宫殿建造在岩洞的合适位置，与周围的树木及岩石和谐统一，相互辉映。

■ 依山势而建的南岩宫

太和宫

太和宫位于武当山主峰天柱峰的南侧，主要由紫禁城、古铜殿和金殿等建筑物组成。紫禁城始建于1419年，是环绕天柱峰修建的一组城墙。金殿始建于1416年，位于天柱峰顶端。

❶ 紫禁城　❷ 金殿

■ 太和宫（QuickBird影像　成像时间：2004年8月30日）

紫霄宫

紫霄宫背倚展旗峰，前面是一泓八卦池水。该地形背山面水，负阴抱阳，是道教文化中所描述的"风水宝地"。紫霄宫是利用特殊地貌，即在纵向陡峭、横向宽敞的地形上开展轴线建筑的典范，由下而上将建筑物依次沿中轴线建成，分别为龙虎殿、碑亭、十方堂、紫霄大殿和圣文母殿。

❶ 龙虎殿　❷ 碑亭　❸ 十方堂

❹ 紫霄大殿　❺ 圣文母殿

■ 紫霄宫（QuickBird影像　成像时间：2004年8月30日）

拉萨布达拉宫历史区

Historic Ensemble of the Potala Palace, Lhasa

北纬29°39′

东经91°07′

地理坐标：北纬29°39′，东经91°07′

遗产遴选标准：(i) (iv) (vi)

入选时间：布达拉宫　1994年12月

　　　　　大昭寺　　2000年11月

　　　　　罗布林卡　2001年12月

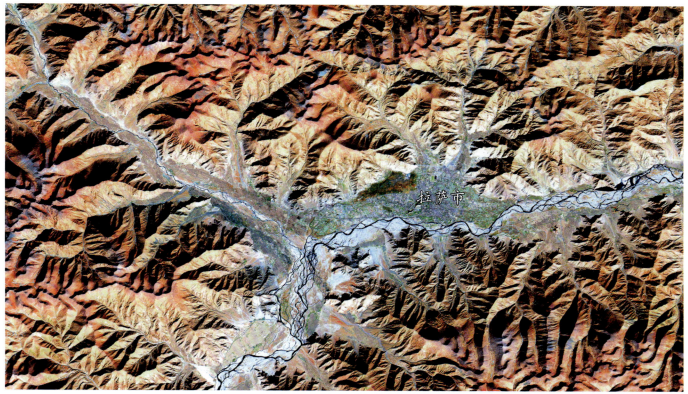

■ 拉萨市地理位置（Landsat/ETM影像　成像时间：2000年12月19日）

■ 拉萨市地理位置（Landsat/TM影像　成像时间：2009年3月7日）

拉萨布达拉宫历史区

是西藏自治区拉萨市的布达拉宫及其周边建筑物的总称。拉萨市是一座具有1300多年历史的古城，位于雅鲁藏布江支流——拉萨河北岸，其南北皆靠山，东西两侧地势平坦。对比近十年的影像可见，城市主要向东面区域扩张，城区建筑密度增大。

红山

布达拉宫

罗布林卡

大昭寺

■ 拉萨入选世界遗产三大区域空间位置（SPOT影像　成像时间：2009年8月14日）

■ 布达拉宫

布达拉宫坐落在海拔约3700m的红山之上，始建于7世纪松赞干布时期，是历世达赖喇嘛的冬宫。重大的宗教、政治仪式均在此举行。

大昭寺位于拉萨市中心，始建于公元647年，是西藏第一个寺庙，也是藏传佛教最神圣的寺庙。历代达赖或班禅的受戒仪式都在这里举行。

罗布林卡位于拉萨市西郊的拉萨河北岸，始建于18世纪40年代（达赖七世）。罗布林卡俗称"拉萨的颐和园"，是历代达赖喇嘛的夏宫。

布达拉宫由白宫和红宫及其
附属建筑构成，其建筑依据
山势蜿蜒到山顶，是当今世
界上所处海拔最高的宫殿式
建筑群。

■ 布达拉宫（航空影像
成像时间：2001年）

布达拉宫

德阳宫

■ 布达拉宫全景（QuickBird影像　成像时间：2007年12月2日）

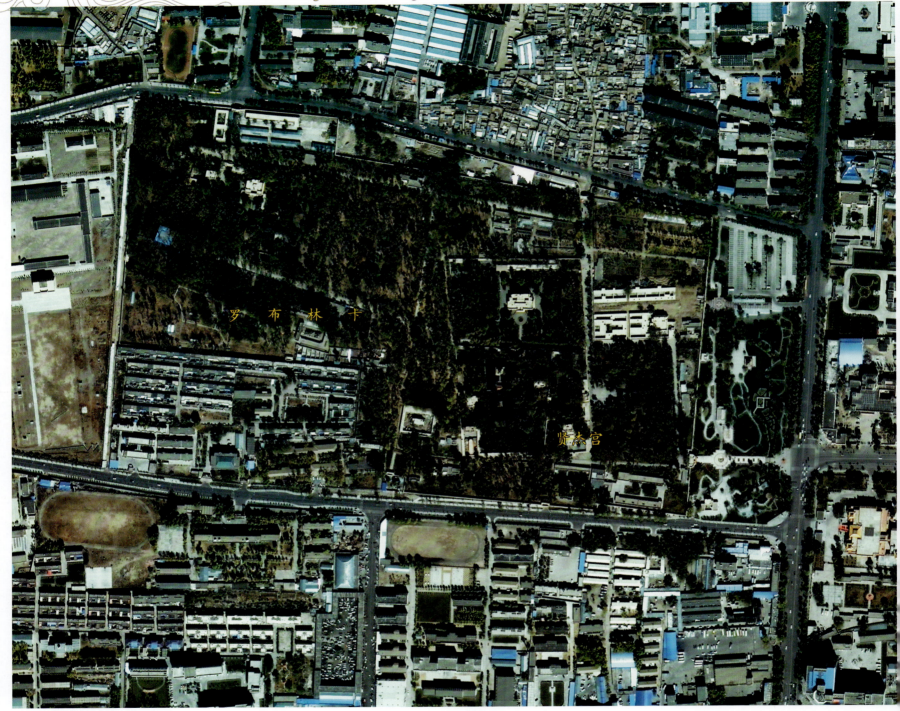

罗 布 林 卡

贤杰宫

■ 罗布林卡全景（QuickBird影像　成像时间：2009年10月14日）

罗布林卡

罗布林卡原为灌木林，是拉萨河的故道。此处曾经风景秀丽，七世达赖常到此休闲。1751年，七世达赖建造了格桑颇章（贤杰宫），位于罗布林卡的东南部，被历代达赖用于夏天办公和接见西藏僧俗官员。

八廓北街

释迦牟尼佛殿

八廓西街

八廓东街

大　昭　寺

八廓南街

■ 大昭寺全景（彩红外航空遥感影像　成像时间：1991年7月）

大昭寺 | 大昭寺的布局方位与汉地佛教的寺院不同，其主殿坐东面西，基本由门廊、庭院、佛殿和分布四周的僧、库房四部分组成。释迦牟尼佛殿位于大昭寺内中心，环绕此殿的一圈称为"囊廓"，环其外墙一圈称为"八廓"。

澳门历史城区

Historic Centre of Macao

北纬22° 11′

东经113° 32′

地理坐标：北纬22° 11′，东经113° 32′
遗产遴选标准：(ii) (iii) (iv) (vi)
入选时间：2005年7月

地图标注：广州　佛山　东莞　江门　中山　深圳　珠江口　香港　珠海　澳门　南海

0　7.5　15km

■ 珠江三角洲城市群（Landsat/TM影像　成像时间：2005年11月25日）

澳门历史城区

位于澳门特别行政区内。背倚广阔的珠江三角洲，西面和东面紧邻广东省珠海市，东面与香港遥遥相望。澳门是东南亚至东北亚的海上中继点，加上澳门半岛东西两侧天然形成的内外港湾，成为400多年来东西方来往商船理想的补给站和避风港。优越的地理位置造就了澳门多元文化的交流和融合，塑造了澳门本身特有的城市人文景观与建筑风格，孕育了这个自然环境与历史文化和谐共生的世界文化遗产。

■ 澳门全景（Landsat/ETM影像　成像日期：2003年11月7日）

澳门特别行政区 ｜ 澳门特别行政区辖澳门半岛、凼仔岛和路环岛三部分。原为两个离岛的凼仔岛和路环岛由于人工填海现在基本上相连起来。上图最右边的海上建筑物是澳门机场，也是由人工填海建设起来的。

基督教坟场

妈祖阁

0   0.5   1km

■ 澳门历史城区（SPOT影像　2004年12月1日）

澳门半岛上主要为建筑群区，影像中暗紫色部分为密集的城市建筑物，属于澳门旧城区。2005年7月15
日入选《世界遗产名录》的澳门历史城区由22座建筑物和8块前地组成，从最北的基督教坟场到最南端的
妈祖阁，基本沿着一条景观轴线分布（影像中红色虚线），这条轴线是澳门半岛的城市景观之魂。

郑家大屋

港务局大楼

妈祖阁 妈阁山

■ 妈祖阁地理位置（QuickBird影像　成像时间：2005年1月6日）

妈祖阁又名妈祖庙，位于妈阁山西侧，建于1488年。妈祖阁背山面海，周围古木参天，风景优美。每年春节和农历三月二十三日妈祖诞期是妈祖阁香火最为鼎盛之时，人们纷纷到此拜神祈福，庙宇内外一派热闹。

澳门港务局大楼位于妈阁山西边的坡地上，临近妈阁内港入口，1874年建成，曾是澳门水警稽查队的办公地点。

郑家大屋是澳门现有建筑面积最大的居民建筑群，建于1881年，是中国近代著名思想家郑观应的祖屋，由其父亲郑文瑞筹建。建筑总体为典型的中式岭南风格，在局部区域又融入了西方文化。

登封"天地之中"历史建筑群

Historic Monuments of Dengfeng in "the Centre of Heaven and Earth"

北纬34°27′

东经113°04′

地理坐标：北纬34°27′，东经113°04′
遗产遴选标准：(iii) (vi)
入选时间：2010年8月

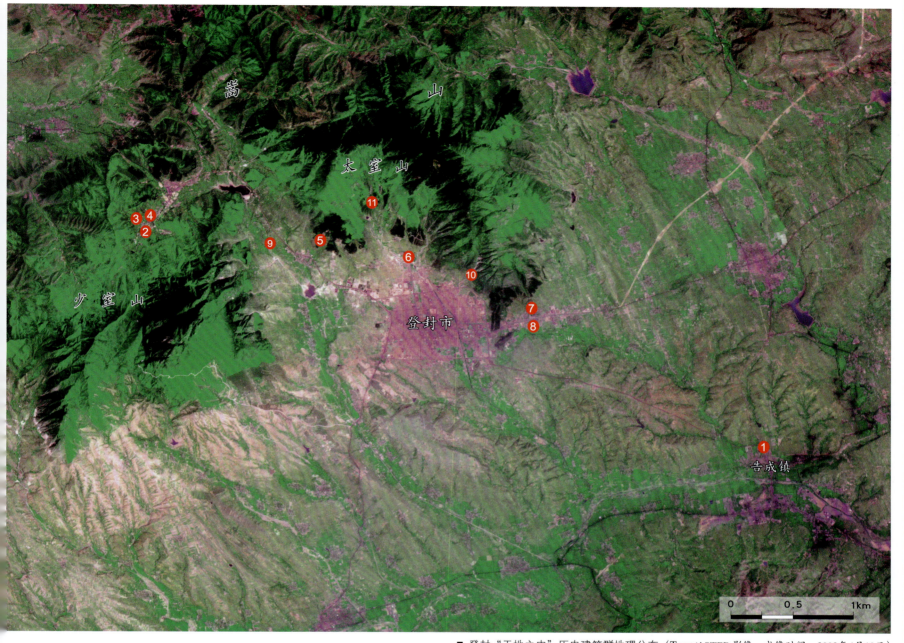

图中标注：

嵩　山

太室山

少室山

登封市

告成镇

3 4
2

11

9

5

6

10

7
8

1

■ 登封"天地之中"历史建筑群地理分布（Terra/ASTER影像　成像时间：2002年4月10日）

❶ 周公测景台和观星台　❷ 塔林　❸ 初祖庵　❹ 常住院　❺ 会善寺　❻ 嵩阳书院　❼ 中岳庙　❽ 太室阙　❾ 少室阙　❿ 启母阙　⓫ 嵩岳寺塔

登封"天地之中"历史建筑群

位于中国河南省登封市，由8处11项历史建筑构成，包括周公测景台和观星台、少林寺建筑群三处（塔林、初祖庵、常住院）、会善寺、嵩阳书院、中岳庙和东汉三阙（太室阙、少室阙、启母阙）、嵩岳寺塔。中国早期王朝在这里建都，儒、佛、道三教也在这里建立道场建筑群体以弘扬传播各自流派文化，因此建筑群历经了汉、魏、唐、宋、元、明、清七朝，构成了中国中原地区上下两千年形象、直观的建筑史。

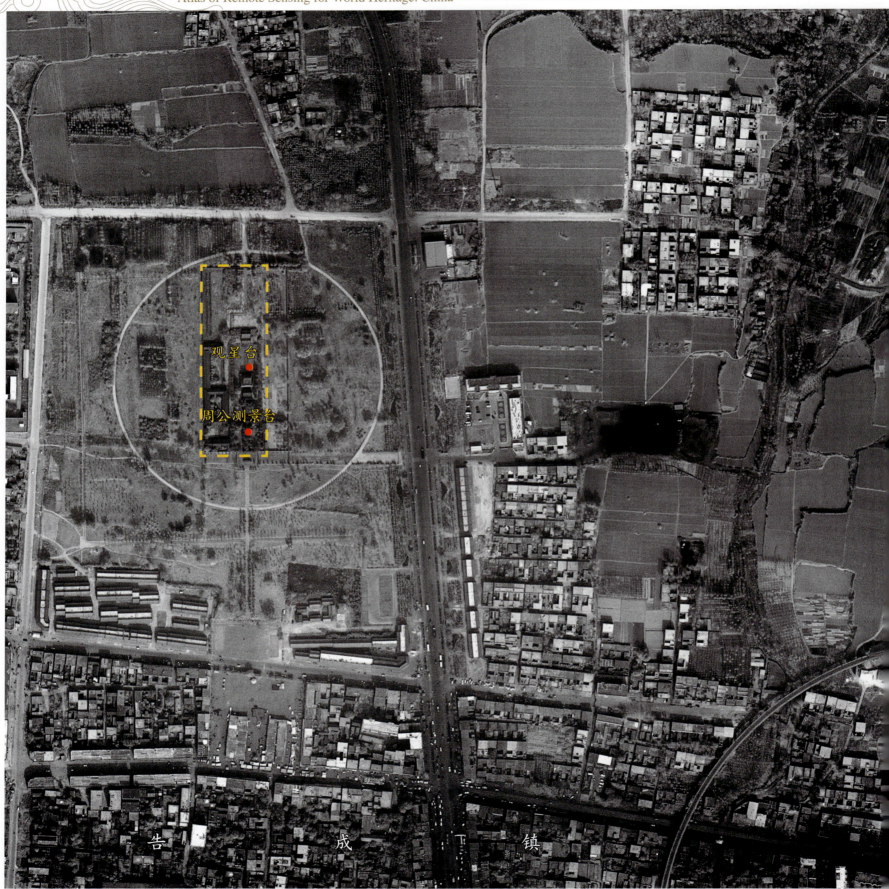

观星台

周公测景台

告 成 镇

■ 周公测景台和观星台（WorldView-1影像　成像时间：2009年10月29日）

■ 周公测景台

■ 观星台

周公测景台
和观星台

周公测景台和观星台位于登封市告成镇，是中国现存最古老，也是世界上著名的天文观测建筑。周公测景台创立于西周时期（约公元前1037年），观星台建于元代初期（13世纪初），两者与周公庙一起组成一座完整的院落。

■ 常住院鸟瞰图

少林寺建筑群

入选世界遗产的少林寺建筑群主要包括三处：常住院（又称少林寺）、塔林和初祖庵（右图虚线框所示）。

常住院位于中岳嵩山西麓。嵩山东为太室山，西为少室山，各拥有三十六峰，常住院位于少室山五乳峰下的茂密竹林中，故称为"少林寺"。少林寺始建于北魏太和十九年（495年），是中国汉传佛教禅宗祖庭，至今保存明、清建筑多座。

■ 塔林

塔林位于少林寺西侧，是唐代至今少林寺历代主持高僧的墓地，有砖石墓塔200多座，因建筑年代不同而具有不同的建筑风格，为中国现存最大的塔林。

初祖庵距离少林寺1.3km，三面临壑，背连少室山的五乳峰，在宋宣和七年（1125年）为纪念佛教禅宗初祖菩提达摩而营建。庵内的石雕、木构、壁画均为罕见精品。

少　室　山　　五乳峰

初祖庵

常　住　院

塔　林

■ 少林寺建筑群（WorldView-1影像　成像时间：2009年10月29日）

■ 嵩阳书院

会善寺

会善寺位于嵩山积翠峰下，始建于北魏孝文帝时期（471～499年），是佛教传入中国后最早建立的佛寺之一，为唐代天文学家一行和尚的出家修行之所。寺内现存北齐、东魏、唐、元、清等时期的建筑。

嵩岳寺塔

嵩岳寺塔位于登封市北太室山下的嵩岳寺内，建于北魏正光元年（520年），是中国现存最古老的多角形密檐式砖塔，也是世界上最早的筒体建筑，其平面近于圆形。

嵩阳书院

嵩阳书院因位于嵩山之阳而得名，始建于北魏太和八年（484年），是中国最早传播儒家理学、祭祀儒家圣贤和举行考试的书院，也是宋代四大书院之一。

■ 嵩岳寺塔

■ 会善寺、嵩岳寺塔及嵩阳书院（SPOT影像　成像时间：2008年2月29日）

■ 中岳庙和太室阙（WorldView-1影像　成像时间：2009年10月29日）

太室阙

■ 中岳庙

中岳庙　中岳庙位于嵩岳太室山南麓黄盖峰下，是中国道教在中原地区活动最早的基地，其前身为太室祠，始建于秦（公元前221～前206年），北魏时，定名为"中岳庙"。

太室阙　太室阙始建于东汉安帝元初五年（118年），原是汉代太室山庙前的神道阙，与少室阙、启母阙并称为中岳"汉三阙"。阙身的石面镌刻有图画、篆书、铭文。"汉三阙"是中国仅存的年代最早的庙阙，是中国古代国家级祭祀礼制建筑的典范。

秦始皇陵及兵马俑坑

Mausoleum of the First Qin Emperor

北纬34°22′

东经109°05′

地理坐标：北纬34°22′，东经109°05′
遗产遴选标准：(i) (iii) (iv) (vi)
入选时间：1987年12月

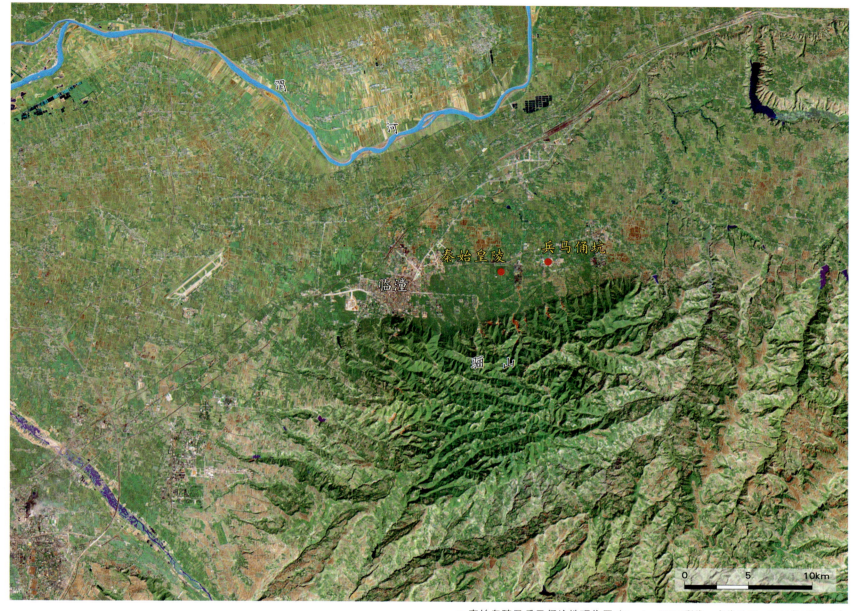
■ 秦始皇陵及兵马俑坑地理位置（Landsat/ETM影像 成像时间：2002年9月23日）

秦始皇陵及兵马俑坑

位于陕西省西安市临潼区境内。秦始皇陵始建于公元前246年，时达39年之久，是中国历史上第一个多民族中央集权国家的皇帝秦始皇的陵墓。1987年，与秦始皇陵一起入选《世界遗产名录》的还有三处兵马俑坑和2乘秦陵铜车马。三处兵马俑坑位于秦始皇陵东侧1.5km处，三者在空间上呈"品"字形排列，为秦始皇陵的从葬坑。从影像上看，秦始皇陵南依骊山，北临渭河，地处骊山北麓的洪积扇和渭河二级台地上。骊山北麓呈弧形，像一轮弯月，秦始皇陵正好位于弯月正中央，构成一种峰峦环抱之势。

■ 秦始皇陵及兵马俑坑（航空影像　成像时间：1985年11月8日）

■ 秦始皇陵（SPOT影像　成像时间：2004年5月21日）

■ 秦始皇陵

秦始皇陵为封土坟，现存封土为四方锥形台体，底边南北长350m，东西宽345m，顶部为长方形平台。其结构是仿照秦始皇生前的都城——咸阳的格局建造的，有内、外城垣，现在只留下断断续续的基础遗址。

兵马俑坑

■ 秦始皇陵及兵马俑坑

■ 一号兵马俑坑

■ 一号铜车马

■ 二号铜车马

入选《世界遗产名录》的兵马俑坑中，"一号坑"呈矩形状，为由步兵和战车组成的秦地下大军；"二号坑"呈曲尺状，为由步兵、骑兵和车兵组成的地下大军；"三号坑"呈"凸"字形，似为秦地下大军的指挥中心；两乘铜车马主体为青铜所铸，它再现了秦始皇车驾的风采。

中国高句丽王城王陵及贵族墓葬

Capital Cities and Tombs of the Ancient Koguryo Kingdom

北纬41°09′

东经126°11′

地理坐标：北纬41°09′，东经126°11′
遗产遴选标准：(i) (ii) (iii)(iv) (v)
入选时间：2004年7月

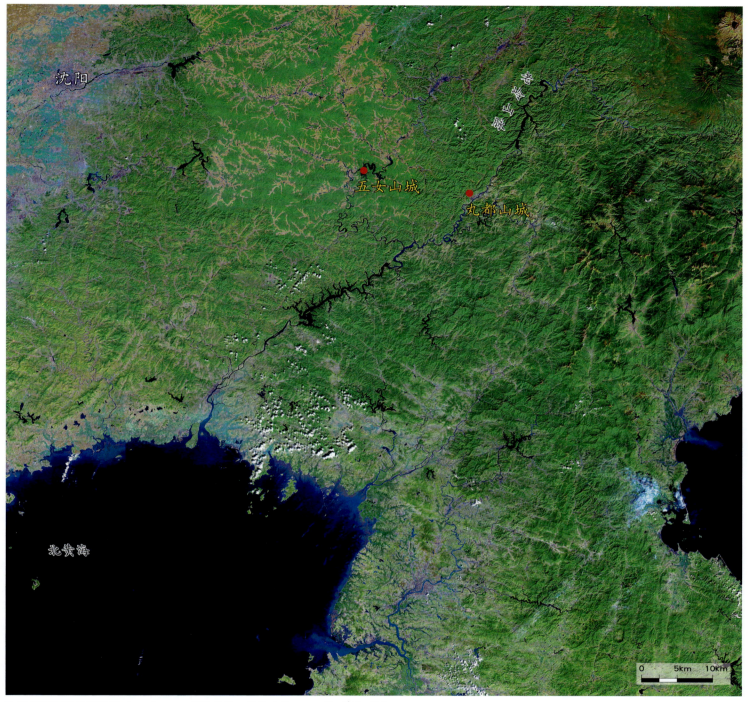

■ 高句丽王城地理位置（Landsat/TM影像镶嵌　成像时间：2007年6月至8月）

高句丽 王朝是中国古代东北地区的边疆政权，存世长达705年（公元前37年～公元668年）。入选《世界遗产名录》的高句丽王城、王陵及贵族墓葬主要包括位于辽宁省桓仁县的五女山城，位于吉林省集安市的丸都山城、国内城以及39座墓葬（12座王陵和27座贵族墓葬）和一座好太王碑。在山上构筑山城，在平地（或盆地）构筑平原城，使山城和平原城相互依附，这是高句丽王城建筑格局最突出的特点。

■ 五女山三维全景

上古城子

桓仁县

五女山城是高句丽政权早期（公元前37年～公元3年）的都城，因位于辽宁省桓仁县的五女山上而得名。其东面为浑江（现为桓仁水库），西面为窄而险的峡谷，起着天然屏障的作用。五女山城的西南面是桓仁盆地（今桓仁县城），盆地的上古城子就是与五女山城相互依附的平原城。

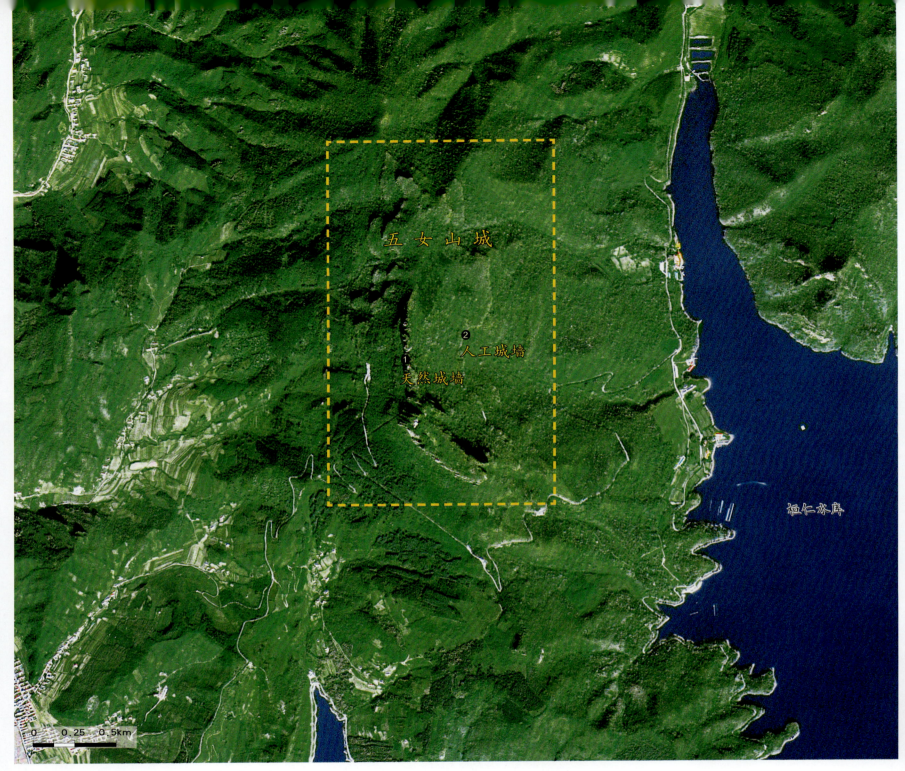

五女山城

② 人工城墙

① 天然城墙

桓仁水库

0 0.25 0.5km

■ 五女山城（SPOT影像　成像时间：2007年10月13日）

■ 五女山城西面天然城墙

影像中黄色方框所示为五女山城大致范围。五女山城充分利用山势建造，主要占据山顶平台和东部山坡。该山主峰海拔约821m，西、北、南面是100~200m高的悬崖峭壁，以突兀雄伟的悬崖绝壁为天然城墙（影像中❶所标注的暗色线状部分）。山城则在东面和东南面较为平缓的半山坡上修筑石砌墙垣（影像中❷所标注的亮色线状部分），形成易守难攻的屏障。

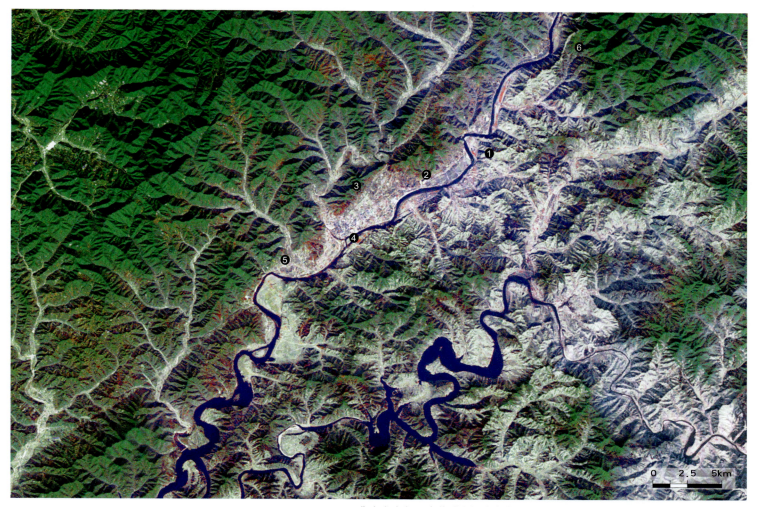

■ 集安市高句丽古墓群空间分布（"环境一号"卫星影像　成像时间：2009年10月15日）

入选《世界遗产名录》的古墓群

图中序号	墓区名称	入选个数	入选王陵名称	入选贵族墓葬名称
❶	下解放墓区	2		环纹墓；冉牟墓
❷	禹山墓区	22	将军坟；禹山2110号墓；禹山992号墓；太王陵；临江墓	将军坟1号陪坟；禹山3319号墓；五盔坟1～5号；四盔坟1～4号；四神墓；舐墓；舞踊墓；马槽墓；散莲花墓；禹山2112号墓
❸	山城下墓区	5		兄墓；弟墓；折天井墓；龟甲墓；王字墓
❹	七星山墓区	2	七星山211号墓；七星山871号墓	
❺	麻线墓区	5	麻线626号墓；西大墓；麻线2100号墓；麻线2378号墓；千秋墓	
❻	长川墓区	3		长川1、2、4号

高句丽古墓群

在吉林省集安市数以万计的高句丽遗迹中，古墓葬数量最多，仅洞沟古墓群就有7000多座。这些古墓群位于群山环抱的通沟平原上，其墓葬范围之广、种类之多、数目之大、内涵之丰富，堪称东北亚古墓群之冠。

丸都山城　丸都山城
宫殿遗址
山城下墓区
洞
河
沟
集
国内城
国内城城墙

■ 丸都山城三维全景

丸都山城
丸都山城和国内城是高句丽政权中期（公元3～427年）的都城。丸都山城因位于吉林省集安市的丸都山上而得名，其东、西、北三面城垣就垒筑在山脊上，外临陡峭的绝壁，形似"簸箕"。与丸都山城相附和的平原城为位于集安市的国内城。国内城原为汉代的一座土城，高句丽迁都于此后，对土城进行了加固和维修，同时在丸都山修建了丸都山城。国内城西边的城墙一直保存至今。

将军坟

太王陵 ● ● 好太王碑

安　市　　　　　　　　　　　江　绿　鸭

■ 丸都山城贵族墓葬群（QuickBird影像 成像时间：2007年12月16日）

■ 山城下贵族墓地

贵族墓葬群

影像显示的是丸都山城脚下的贵族墓葬群，成像时间为12月，地面有明显的白雪覆盖。规则形状的地物就是坟墓，包括积石坟和封土坟。

将军坟

■ 将军坟（QuickBird影像　成像
　时间：2007年12月16日）

■ 将军坟

将军坟 将军坟为高句丽第二十代长寿王的陵墓，属积石墓，是现存最为完整的石结构陵墓之一。其外观呈截尖方锥形，雄伟壮观，被誉为"东方金字塔"。

莫高窟

Mogao Caves

北纬40°08′

东经94°49′

地理坐标：北纬40°08′，东经94°49′
遗产遴选标准：(i) (ii) (iii) (iv) (v) (vi)
入选时间：1987年12月

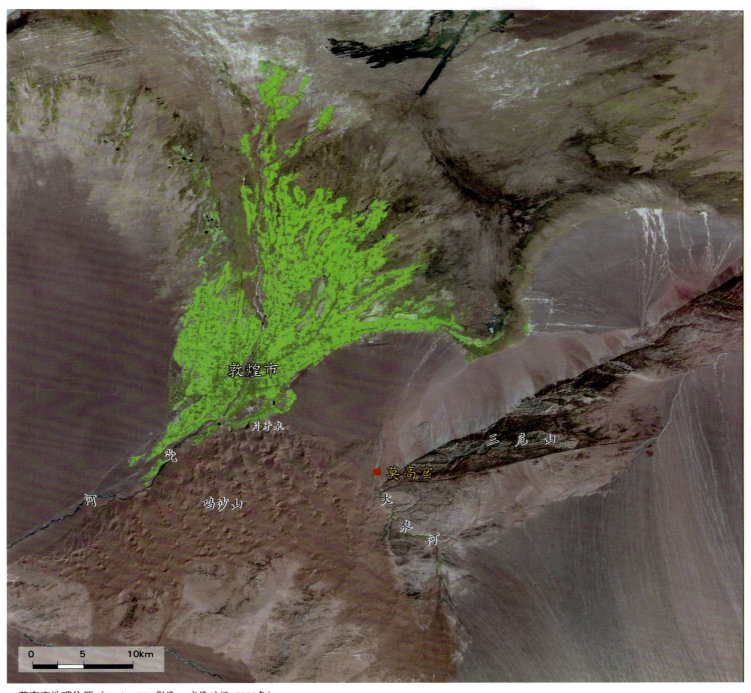

■ 莫高窟地理位置（Landsat/TM影像　成像时间：2000年）

莫高窟

位于甘肃省敦煌市东南部，鸣沙山东麓的崖壁上，南临大泉河，东向三危山，其石窟群开凿于366年。千年间，人们在莫高窟连续凿窟造洞不断，形成南北全长1680m的石窟群。莫高窟处于非常干燥的自然环境，这是莫高窟艺术品得以保存下来的重要因素。

北窟区

南窟区

鸣　沙　山

大

泉

河

■ 莫高窟地理位置（SPOT影像　成像时间：2007年7月5日）

三 危 山

0　　1　　2km

■ 莫高窟九层楼

大泉河流经三危山时为一狭窄河道，并从西北–东南流向转折为近南北流向。莫高窟所处的近南北向断裂与近东西向断裂交汇处地下水较丰富，孕育了一小片绿洲。莫高窟紧邻该绿洲，这为僧俗提供了基本生活条件。

莫高窟分为南、北两区。南区有各种洞窟、彩塑、壁画，主要是佛殿堂和供僧俗进行礼佛活动的场所。北区以洞窟为主，仅有少量的壁画和彩塑，主要供僧众生活、居住、习禅和死后瘗埋。九层楼属木构建筑，整个楼阁气势雄伟，是莫高窟的标志性建筑。

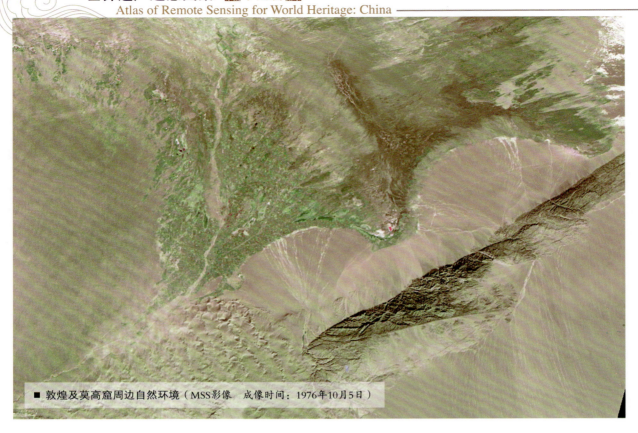

■ 敦煌及莫高窟周边自然环境（MSS影像 成像时间：1976年10月5日）

四幅不同时期的遥感影像展示了30多年来敦煌及莫高窟周边自然环境的变化。

■ 敦煌及莫高窟周边自然环境（Landsat/TM影像 成像时间：1990年）

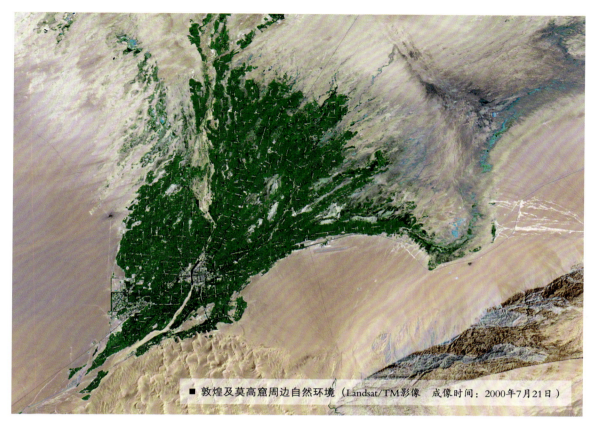

■ 敦煌及莫高窟周边自然环境（Landsat/TM影像　成像时间：2000年7月21日）

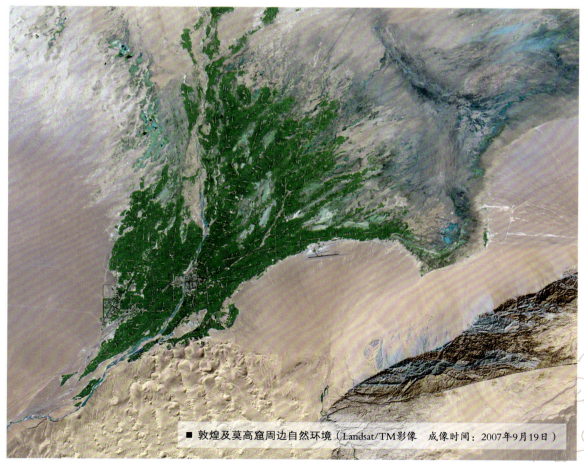

■ 敦煌及莫高窟周边自然环境（Landsat/TM影像　成像时间：2007年9月19日）

大足石刻

Dazu Rock Carvings

北纬29°42′

东经105°42′

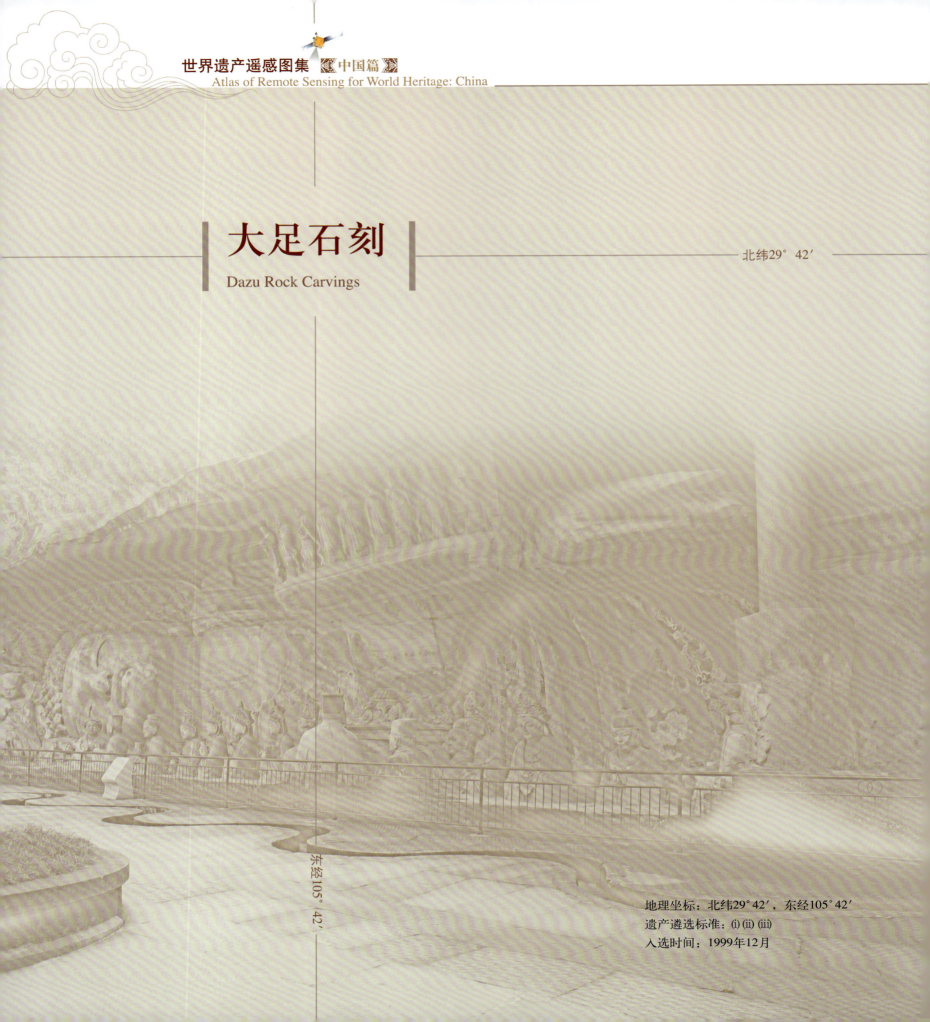

地理坐标：北纬29°42′，东经105°42′
遗产遴选标准：(i) (ii) (iii)
入选时间：1999年12月

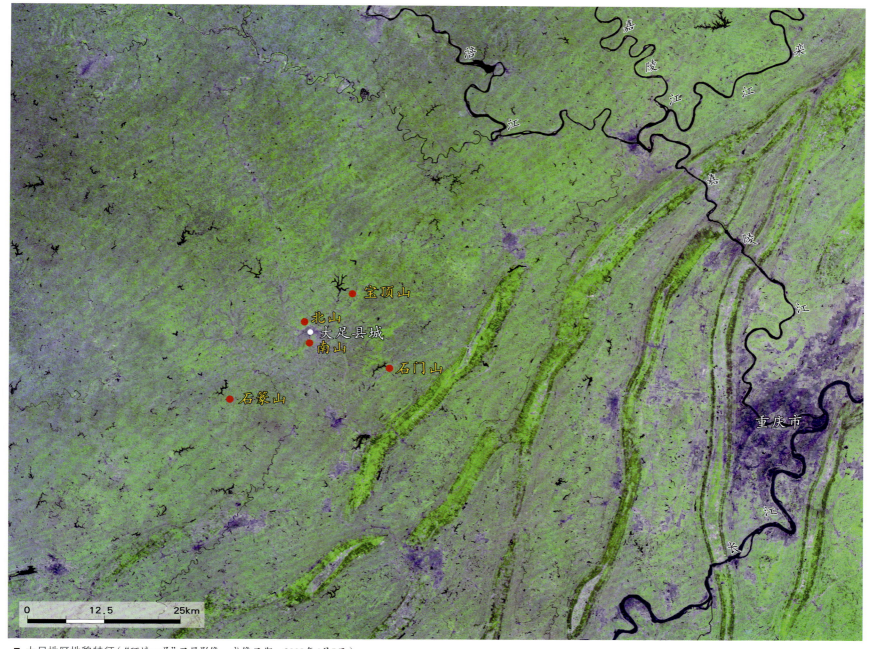

■ 大足地区地貌特征（"环境一号"卫星影像　成像日期：2009年6月5日）

大足石刻

位于重庆市大足县境内，包括北山、宝顶山、南山、石篆山和石门山的摩崖造像，始凿于初唐高宗永徽年间（约650年），后经晚唐、五代至两宋达到鼎盛（9～13世纪），余波延至明、清。摩崖造像主要雕刻在中生界三叠系、侏罗系砂岩崖壁上。造像隐藏在郁郁葱葱的绿色山川中，以民族化、世俗化、生活化为特色，为中国晚期石崖的代表作。

影像上，东部为川东褶皱山，西部为川东丘陵，大足县位于两者的交接地带。境内河流发育良好，岩性主要为砂岩。受流水侵蚀以及风化作用，境内岗峦起伏，峰回路转，显示出典型的丘陵地貌景观。

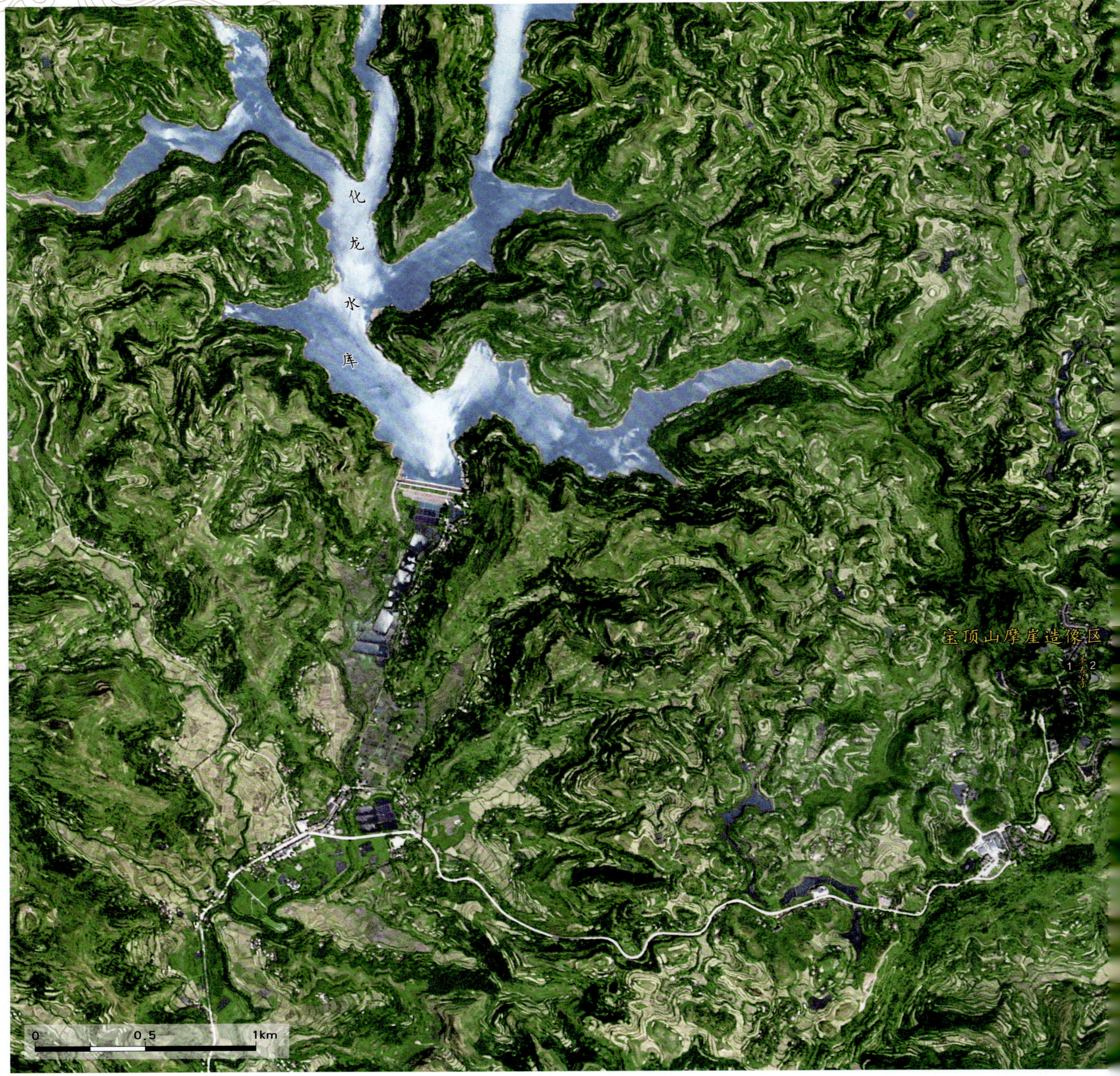

化
龙
水
库

宝顶山摩崖造像区

1 2

0   0.5   1km

■ 宝顶山（SPOT影像　成像日期：2006年8月30日）

■ 宝顶山摩崖造像——卧佛

■ 父母恩重经变相

宝顶山 宝顶山摩崖造像位于大足县城东北15km处，开凿于1174～1253年，为佛教密宗道场，包括以依山而建的圣寿寺为中心的大佛湾（图中标号❶的位置）和小佛湾造像（图中标号❷的位置）。

大佛湾位于其左方一个谷口朝西的"U"形山湾，造像刻于东、南、北三面崖面上，崖面长约500m。造像以民族化、生活化题材为主，反映出源于印度的石窟艺术至此已实现了中国化的进程。小佛湾位于圣寿寺的右侧，其主要建筑为一座石砌的坛台，坛台上用条石砌成石壁、石室，刻有佛像、菩萨像。遥感影像中绿色为植被，不同形状的凸起为丘陵地貌景观。

■ 北山石刻

北山

北山位于大足县龙岗镇北边，又名"龙岗山"。北山摩崖造像位于山巅（俗称"佛湾"），开凿于892～1162年。造像崖面长约300m，高7～10m。北山摩崖造像近万尊，龛窟密如蜂房，主要为民间出资雕刻。

■ 南山三清古洞

南山

南山位于大足县城南，又名"广华山"，与北山遥相对立。由于植被茂密，像一个天然的绿色屏障，又称为"南山翠屏"。造像开凿于1131～1162年，崖面长86m，高3.5～10.2m。在大足石刻中，11～13世纪的道教摩崖造像是中国道教石窟造像最多、最集中且反映神系最完整的，其中以南山为著。如第5号三清古洞共刻像421尊，以道教最高神"三清"为主。

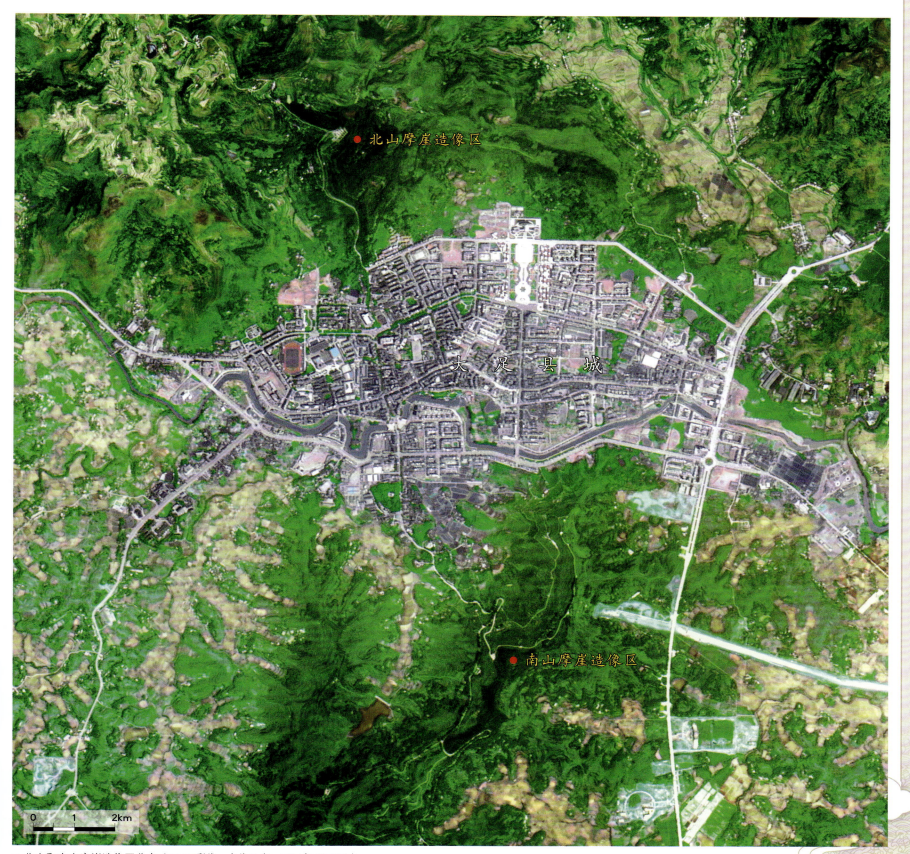

北山摩崖造像区

大 足 县 城

南山摩崖造像区

0 1 2km

■ 北山和南山摩崖造像区分布（SPOT影像　成像日期：2006年8月30日）

石篆山摩崖造像区

■ 石篆山（SPOT影像　成像时间：2006年8月30日）

石篆山 | 石篆山位于大足县城西南25km处，开凿于1082～1096年，造像崖面长约130m，佛龛开口向南，有孔子、老子、三身佛龛。形成了释、道、儒"三教"和睦相处的现象。

■ 石篆山孔子龛

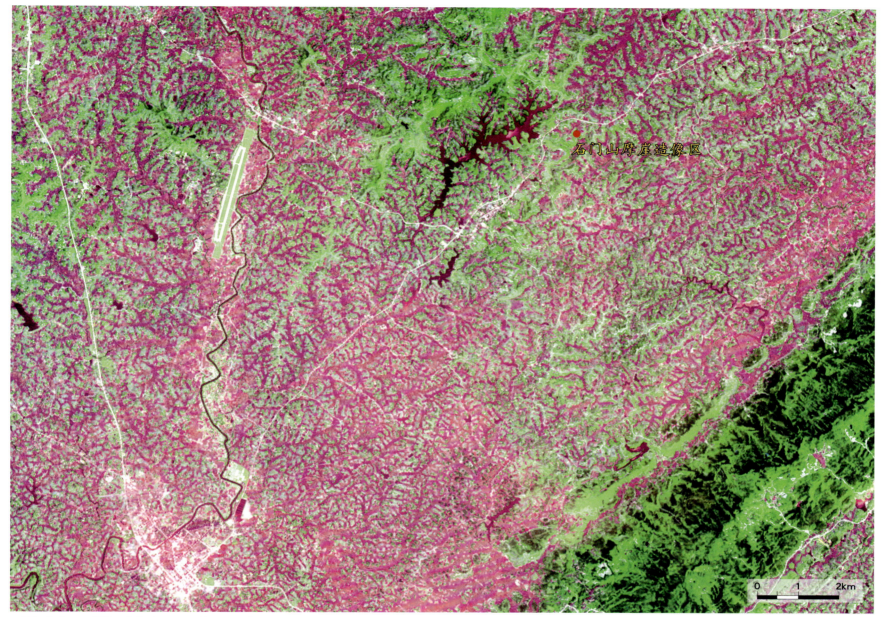

■ 石门山（SPOT影像　成像时间：2006年8月30日）

石门山摩崖造像区

■ 石门山石窟局部

石门山

石门山位于大足县城以东20km处，开凿于1094～1151年。造像座面长71.8m，刻于向西的座面上，为佛教、道教合一的造像区，尤以道教造像最具特色。

龙门石窟

Longmen Grottoes

北纬34°28′

东经112°28′

地理坐标：北纬34°28′，东经112°28′
遗产遴选标准：(i) (ii) (iii)
入选时间：2000年1月

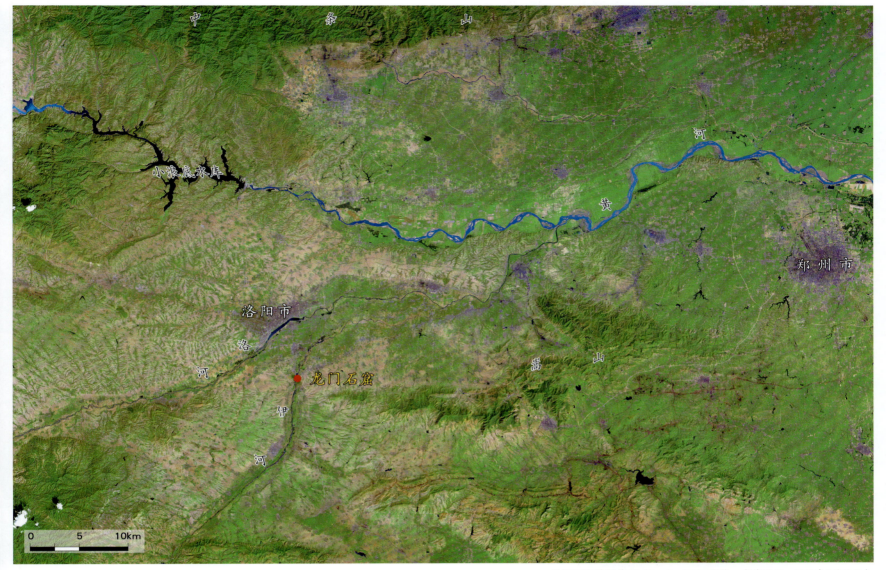

■ 龙门石窟地理位置（Landsat/ETM影像　成像时间：2002年9月25日）

龙门石窟

位于洛阳市东南13km处，始凿于北魏孝文帝由平城（今山西省大同市）迁都至洛阳前后，后历经东、西魏、北齐、北周、隋、唐和北宋等朝代，雕凿时间延续达400年。

龙门山

龙门山

伊

宾阳中洞 ●

香山寺

香山

河

奉先寺 ●

古阳洞 ●

■ 龙门石窟洞窟分布（QuickBird影像，成像时间：2003年6月17日）

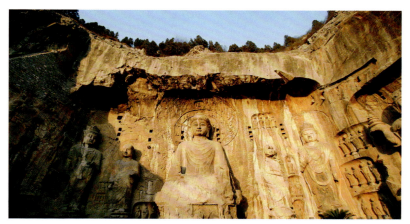

■ 奉先寺大佛

■ 龙门西山石窟群

龙门石窟

龙门石窟位于嵩山余脉之香山和龙门山之间，伊河从中穿流而过。香山—龙门山一带主要为石灰岩和白云岩，节理发育，在山体不断抬升和伊河不断垂直下切的过程中形成了呈"V"形的伊阙河谷。伊阙河谷陡崖和细腻的碳酸岩岩性为窟龛开凿和造像提供了物质基础。石窟造像的分布主要集中在临伊河的立壁处，包括2300余座窟龛（造像10余尊）和2800余块碑刻题记的石窟遗存。其中，以北魏时期的古阳洞、宾阳中洞、莲花洞、石窟寺以及唐代大卢舍那像龛群雕最为著名，如图中红色圆点所示。西岸由南向北分别是古阳洞、奉先寺、宾阳中洞，东岸为香山寺。

云冈石窟

Yungang Grottoes

北纬40°06′

地理坐标：北纬40°06′，东经113°07′
遗产遴选标准：(i) (ii) (iii) (iv)
入选时间：2001年12月

东经113°07′

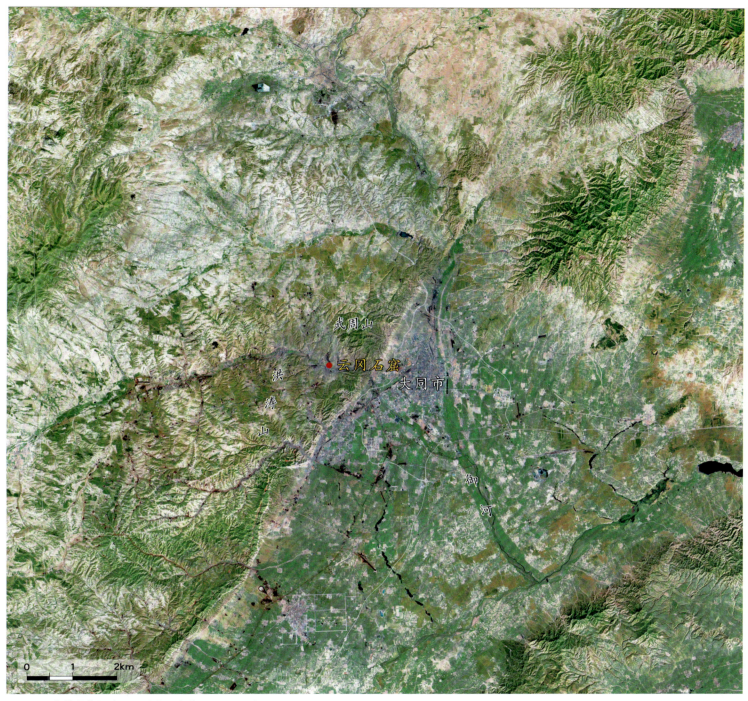

武周山

洪涛山

● 云冈石窟

大同市

御河

0   1   2km

■ 云冈石窟地理位置（SPOT影像　成像时间：2006年11月18日）

云冈石窟

位于山西省大同市以西16km处的武周山南麓，始凿于北魏兴安二年（453年），大部分完成于北魏迁都洛阳之前（494年），造像工程则一直延续到正光年间（520～525年）。石窟依山而凿，东西绵延约1000m，规模宏大，造像内容丰富。云冈石窟代表了5～6世纪时中国杰出的佛教石窟艺术。

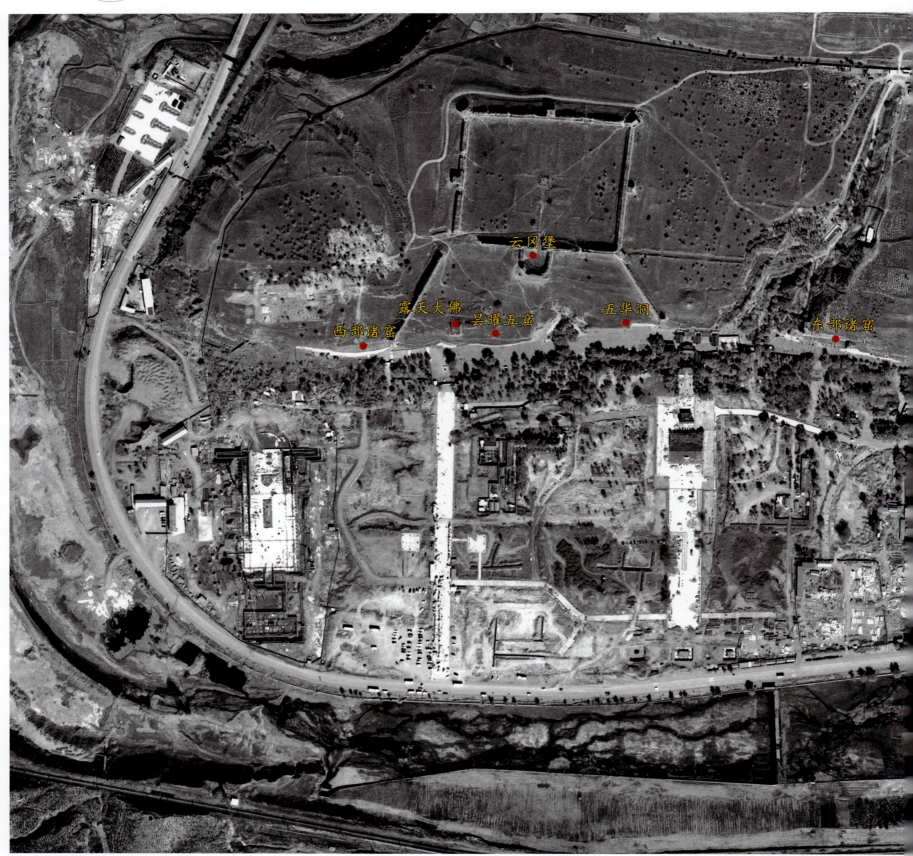

云冈堡

露天大佛　　　昙曜五窟　　　　　五华洞　　　　　　　　　东部诸窟

西部诸窟

■ 云冈石窟遗产布局（WorldView-1影像　成像时间：2009年9月15日）

■ 第二十窟佛像

云冈石窟现存主要洞窟45个，自西向东分为西部诸窟、露天大佛、昙曜五窟、云冈堡、五华洞、东部诸窟，大小窟龛252个，石雕造像51000余躯，最大者高达17m，最小者仅几厘米。云冈石窟与敦煌莫高窟、龙门石窟并称"中国三大石窟群"。

长城

The Great Wall

北纬40° 25′

东经116° 04′

地理坐标：居庸关　北纬40° 25′，东经116° 04′
山海关　北纬39° 58′，东经119° 47′
嘉峪关　北纬39° 48′，东经98° 12′
遗产遴选标准：(i) (ii) (iii) (iv) (vi)
入选时间：1987年12月

长城

是中国古代劳动人民创造的伟大奇迹之一，是中国悠久历史的见证。约公元前220年，一统天下的秦始皇将修建于早些时候的一些断续的防御工事连接成一个完整的防御系统，用以抵御来自北方游牧部落的侵袭。明代（1368～1644年）时又继续加以修筑，使长城成为世界上最长的军事设施之一。

■ 远眺长城

八达岭长城

八达岭长城位于北京市延庆县，此段长城城墙高大坚固，居高临下，是明代重要的军事关隘和首都北京的重要屏障。城墙随着山峰的走势蜿蜒起伏，如巨龙盘绕。左图中山脊上暗灰色线状地物为长城城墙，四方状地物为烽火台。

❶ 长城城墙 ❷ 烽火台　　　　　　　■ 八达岭长城（QuickBird影像　成像时间：2008年9月30日）

■ 老龙头（WorldView-1影像　成像时间：2009年7月3日）

老龙头

老龙头是山海关长城的一部分，由入海石城、靖卤台、南海口关和澄海楼组成，雄踞渤海之滨，扼守险要之地。老龙头长城的修建，将东北三省与华北大地分割开来。

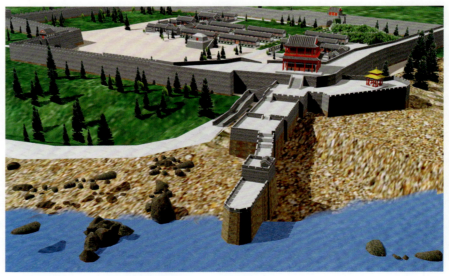

■ 老龙头长城三维仿真西向效果图

① 嘉峪关 ② 长城城墙

■ 嘉峪关长城（SPOT影像 成像时间：2009年5月28日）

■ 嘉峪关城楼

嘉峪关 | 嘉峪关位于明长城的西端。其关城布局为内城、瓮城、罗城，构成三重城郭，形成城内有城的特点。

N
飞行方向
照射方向

二 道 边 （明）

隋 长 城

盐池
头 道 边 （明）
定边

0   3   6 km

L-HH(R) L-HV(G) C-HV(B)

■ 长城（盐池—定边）多波段多极化合成孔径雷达SIR-C图像（R: L-HH; G: L-HV; B: C-HV）

■ 地面残存的长城

SIR-C影像上显示的长城位于宁夏盐池到陕西定边、安边。盐池县境内共有古长城3道，其中一道为隋代修筑，另两道建于明代。由于雷达影像对地形的敏感反应能力及角反射器效应，使得长城在雷达影像上具有很强的雷达回波，清晰地显示为亮线。图中橙色亮线为明代"头道边"长城，其上侧的绿线为公路两侧的防护林，中间的橙色断线为隋长城。隋长城距今已有1400多年历史，城墙倾塌十分严重，残留在地面上的仅是一些断续土丘，因此在雷达影像上为断续亮线。在其上侧约20km外的橙色亮线为明代的"二道边"，修筑于500多年前。因风沙侵蚀，大部分已倾塌，地面仅残留较连续的低矮土丘，高1～2m，在雷达影像上为较连续的微弱亮线。

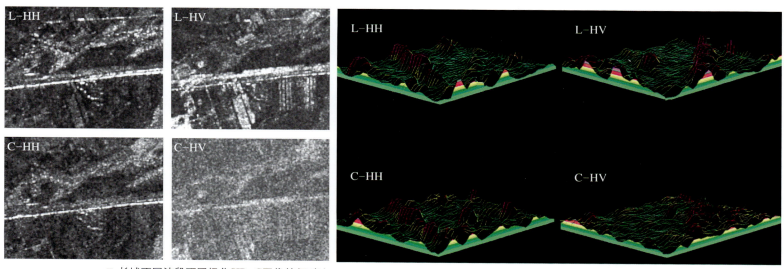

■ 长城不同波段不同极化SIR-C图像特征对比　　　　　　　　　　　■ 长城不同波段不同极化SIR-C散射强度

■ 残存的长城照片

在部分地段，雷达波穿透了干沙，揭示出掩埋于其下的长城。对不同波段和极化SIR-C影像上长城特征进行对比，可清楚地看到L波段和C波段、HH和HV极化影像上几种地物的显示效果。长城在HH极化影像上回波较强，L波段比C波段回波强，在C波段HV极化影像上回波最弱。隋长城在L波段HH影像上显示效果较好，在HV影像上则几乎没有显示。明长城在四种影像上的回波强度均高于隋长城。

青城山和都江堰

Mount Qingcheng and the Dujiangyan Irrigation System

北纬31°00′

东经103°36′

地理坐标：北纬31°00′，东经103°36′
遗产遴选标准：(ii) (iv) (vi)
入选时间：2000年11月

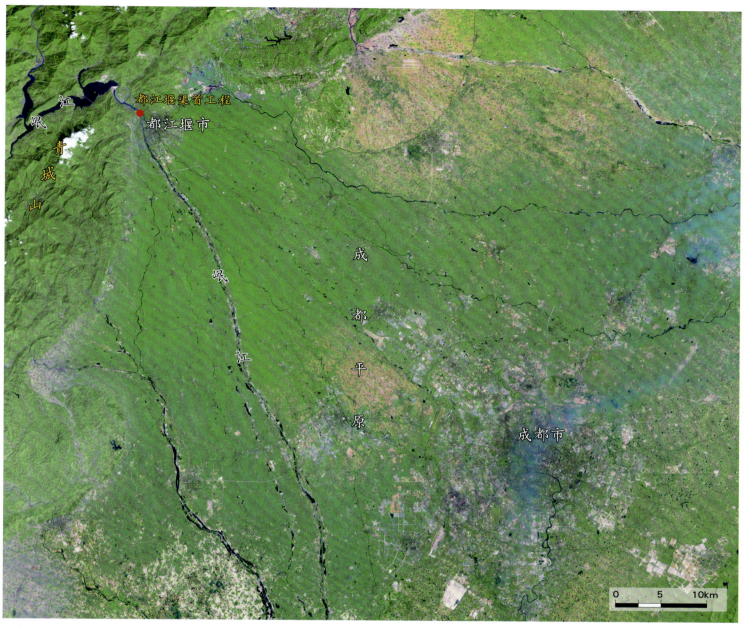

江

岷

青
城
山

都江堰渠首工程
都江堰市

岷

江

成
都
平
原

成都市

0　　5　　10km

■ 青城山和都江堰地理位置（12景Landsat/TM影像镶嵌　成像时间：2007年6～8月）

青城山和都江堰

位于四川省都江堰市西部，地处成都平原西缘，四川盆地与青藏高原的结合部。青城山为邛崃山脉的分支，是中国道教的发源地之一，为道教名山。著名的都江堰水利工程为秦国蜀郡太守李冰父子主持修建，历经2300余年不衰，灌溉川西平原6000多平方千米的粮田。影像中由西北向东南的线状地物，是从都江堰渠首到整个成都平原的密如织网的自然灌溉渠系。

■ 青城山三维全景

青城山位于都江堰市西南，背靠岷山，俯临成都平原。从影像上可见其植被茂密，地层呈SE倾向。因悬崖陡壁分割，个体宛如城廓，故得"青城山"之名。青城山分为前山（东部）和后山（西部），前山约15km^2，主要是文化遗产集中地；后山约100km^2，主要是自然风光。

青

城

山

●都江堰渠首工程

都 江 堰 市

岷江

青城山

都江堰市

● 三清殿

● 建福宫

● 天师殿

■ 青城山部分文化景点（SPOT影像　成像时间：2009年2月10日）

| 0 | 1.25 | 2.5km |

■ 青城山山门

■ 月城湖

　　青城山为中国的历史名山和天师道教的祖山、祖庭。道教的基本学说认为"人法地，地法天，天法道，道法自然"。"道法自然"作为一种广义的解释渗透在青城山的建筑上。建福宫、天师殿、三清殿等道教建筑都是依山取势，灵活布局，在"隐、藏、幽、奇"上下功夫，人文景观与自然景观相映成趣，相得益彰。

道教强调修身养性，延年益寿，由此形成了养生文化。青城山植被茂密，有许多珍贵药材，这为道士们在此休养生息、采药炼丹提供了优越的条件。

■ 青城山自然景观（航空影像　成像时间：2009年6月3日）

■ 鱼嘴分水堤

■ 宝瓶口引水口

都江堰渠首工程

秦国蜀郡太守李冰把都江堰创建在山岳和平原的交界处，锁住了岷江的咽喉，有利于引水和控水工程的建造；同时，选择河流的自然弯道，充分利用弯道的水流规律，把江水引入都江堰工程的主体。

都江堰渠首工程主要由鱼嘴分水堤、宝瓶口和飞沙堰三部分组成。鱼嘴起着分流的作用。宝瓶口是用水烧火浇的劈山技术将山体凿开形成的一条宽20m的引水通道，为整个工程的关键部分。飞沙堰是为解决水利工程中泥沙排放问题而建造的。后人为纪念李冰父子，在都江堰岷江江东的玉垒山麓修建了二王庙。

在2008年5月的汶川地震中，除二王庙遭受损毁外，都江堰水利工程安然无恙。

❶ 鱼嘴分水堤　❷ 宝瓶口　❸ 飞沙堰　❹ 二王庙

玉垒山

■ 都江堰渠首水利工程结构（航空影像 成像时间：2009年6月3日）

周口店北京人遗址

北纬39° 44′

Peking Man Site at Zhoukoudian

东经115° 55′

地理坐标：北纬39° 44′，东经115° 55′
遗产遴选标准：(iii) (vi)
入选时间：1987年12月

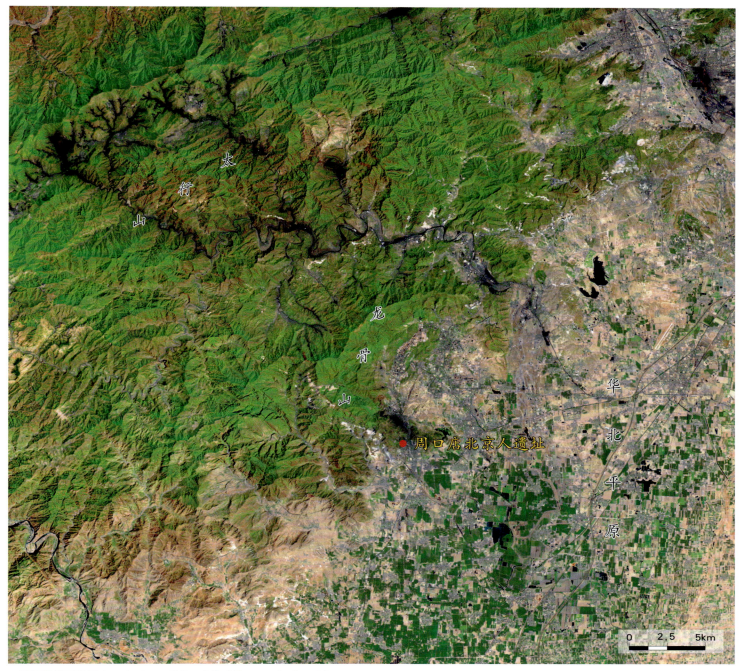

太行山

龙骨山

华北平原

● 周口店北京人遗址

■ 周口店地理位置（Landsat/ETM影像　成像时间：2002年5月22日）

周口店北京人遗址

位于北京市西南48km的龙骨山，地处山区和平原交接处。1929年，中国考古学家在这里发掘出土了"北京人"第一个头盖骨。"北京人"属于从古猿进化到智人的中间环节的原始人类，在大约距今70万～20万年的时期内居住于周口店地区，过着采集、狩猎的生活。在周口店第一地点遗址发现的灰烬层、灰堆遗存以及大量的烧骨表明，"北京人"不仅懂得用火，而且会保存火种。

龙
骨
山

周口店北京人遗址

龙
店
河

周
口

龙骨山以石灰岩为主，石灰岩的特点之一是在水力作用下，于裂隙处易发育成溶洞，众多大大小小不等的天然洞穴为北京猿人提供了居住场所，加之山的东面有周口店河流经，山上动植物丰富，这些为北京猿人提供了居住、用水、采食生活所需等基本物质条件。

■ 周口店地理环境三维全景

■ 周口店主要遗址点分布（WorldView-1影像　成像时间：2008年10月24日）

山顶洞是周口店发现的古人类、古动物化石的第26处，是距今3万～2万年前山顶洞人生活过的洞穴。它于1930年被发现，于1933年和1934年被发掘。在此处发现了包括3个头骨在内的代表至少8个个体的人化石材料和大量动物化石。

■ 山顶洞洞口

■ 猿人洞剖面

猿人洞是周口店发现的27处古人类、古脊椎动物化石的第一处。"北京人"第一个头盖骨就是在这里发掘的。猿人洞具有华北中更新世洞堆积的标准剖面。该堆积层剖面在人类学和第四纪地质学上都占有重要的地位。

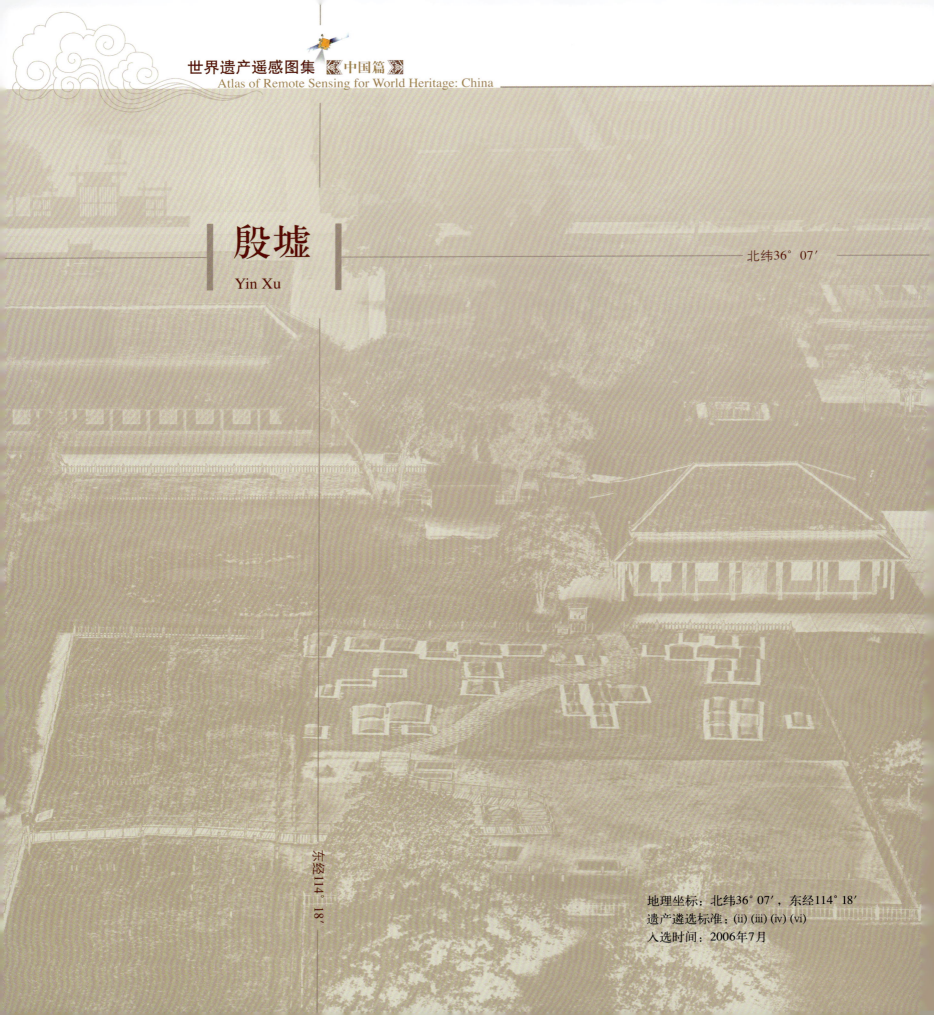

殷墟

Yin Xu

北纬36° 07′

东经114° 18′

地理坐标：北纬36° 07′，东经114° 18′
遗产遴选标准：(ii) (iii) (iv) (vi)
入选时间：2006年7月

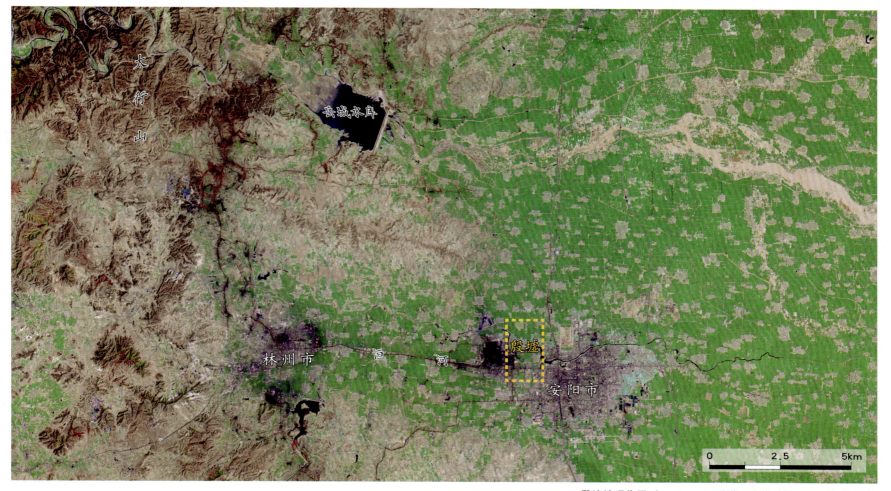

太行山

岳城水库

林州市　洹　河

殷墟

安阳市

| 0 | 2.5 | 5km |

■ 殷墟地理位置（Landsat/ETM影像　成像时间：2000年5月7日）

殷墟

位于今河南省安阳市，是中国第一个有文献记载并为甲骨文和考古发掘所证实的商代都城遗址。它地处太行山系以东安阳盆地的洹河二级台地上，地势西高东低。洹河（又名"安阳河"）自盆地西南流入，先北行，再折而东行，穿过殷墟。影像中绿色斑块为田地，棕色为山地，黑色为水体，暗紫色为城区。

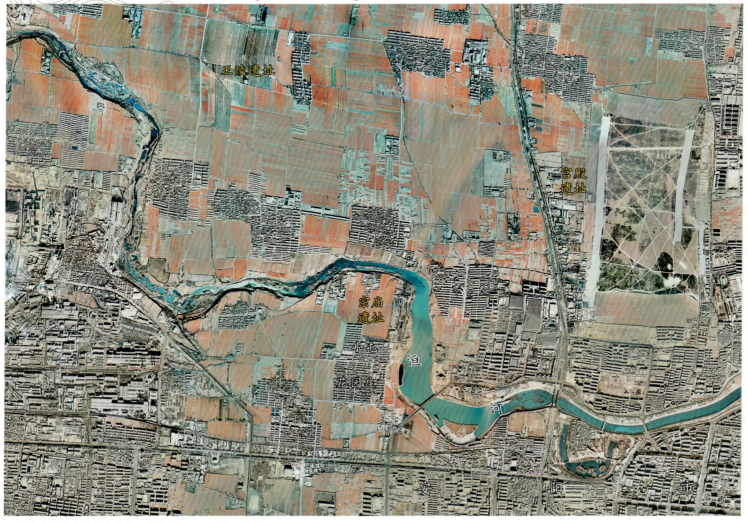

■ 殷墟空间分布（航空影像　成像时间：1999年12月）

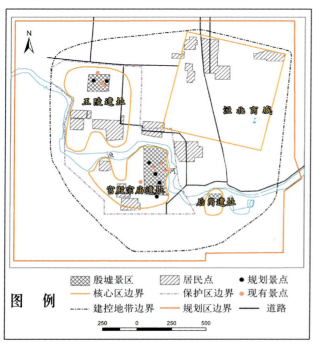

图　例

▨ 殷墟景区	▨ 居民点	● 规划景点	
━ 核心区边界	━·━ 保护区边界	● 现有景点	
━··━ 建控地带边界	━ 规划区边界	━ 道路	

250　　0　　250　　500

■ 殷墟分区示意图

殷墟遗址

殷墟遗址主要包括三部分：洹北商城遗址区、王陵遗址区和宫殿宗庙遗址区。洹北商城遗址区位于洹河北岸，为商代中期文化。宫殿宗庙遗址区属商代晚期文化，其东、北两面有洹河环绕，西、南以深壕与外面相隔，形成相对封闭的格局。王陵遗址区位于洹河北岸的高地上，是商王的陵地和祭祀场所，也是中国目前已知最早、最完整的王陵墓葬群。

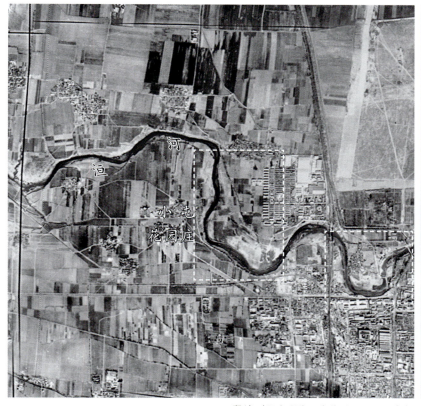

■ 殷墟（航空影像　成像时间：1972年）

■ 殷墟（SPOT影像　成像时间：2006年6月10日）

■ 殷墟遗址

两幅遥感影像的对比反映了1972~2006年34年间遗产区域环境变化情况。小屯与花园庄原本相互隔离，现已连成一片。洹河河道也发生了较大改变，两处河湾已经近于取直（图中白色方框所示）。

文化景观

庐山国家公园

五台山

庐山国家公园

Lushan National Park

北纬29°26′

东经115°52′

地理坐标：北纬29°26′，东经115°52′
遗产遴选标准：(ii) (iii) (iv) (vi)
入选时间：1996年12月

长 江

九江市

庐 山

鄱 阳 湖

0　5　10km

■ 庐山地理位置（"北京一号"卫星影像　成像时间：2009年6月5日）

庐山国家公园

位于江西省北部，处于鄱阳湖西岸与长江南岸三角处。山体主体长约25km，宽约10km，呈东北-西南向伸展，为一座地垒式断块山。庐山、长江、鄱阳湖三位一体，凸起的庐山与外围地区断裂下陷的九江平原、鄱阳湖形成"一山飞峙"的鲜明对照。庐山是中国古代教育和宗教中心，一山兼聚五教，形成其独特现象。

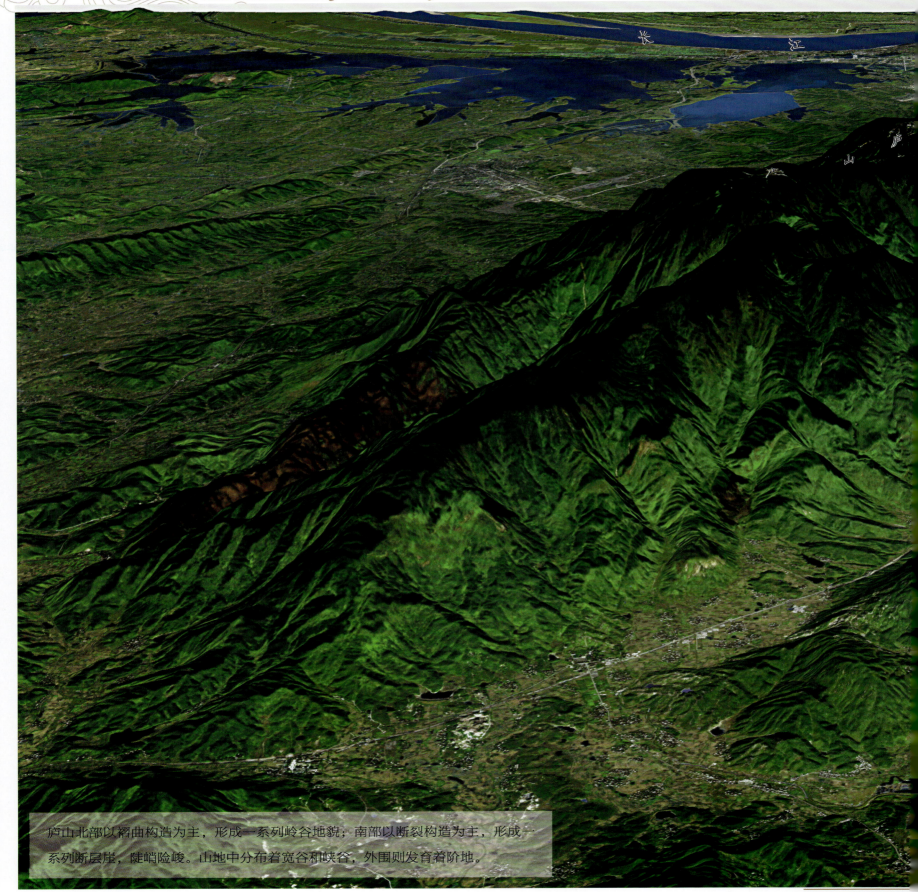

庐山北部以褶曲构造为主，形成一系列岭谷地貌；南部以断裂构造为主，形成一系列断层崖，陡峭险峻。山地中分布着宽谷和峡谷，外围则发育着阶地。

■庐山三维全景

鄱

阳

湖

在庐山山顶有一座云中之城，即名为"牯岭"的别墅区，拥有欧美18个国家的不同建筑风格。这些建筑与周围环境相协调，构成了庐山另一道独特的文化景观。

位于庐山之上的如琴湖利用西谷深洼、拦天桥上端谷口筑坝而成，湖与小路"花径"组合成一体，成为丰姿幽雅的胜地。如琴湖建于1961年，因湖岸曲线玲珑，湖面酷似一把媚人的瑶琴，故取名"如琴湖"。

■ 如琴湖

■ 庐山别墅

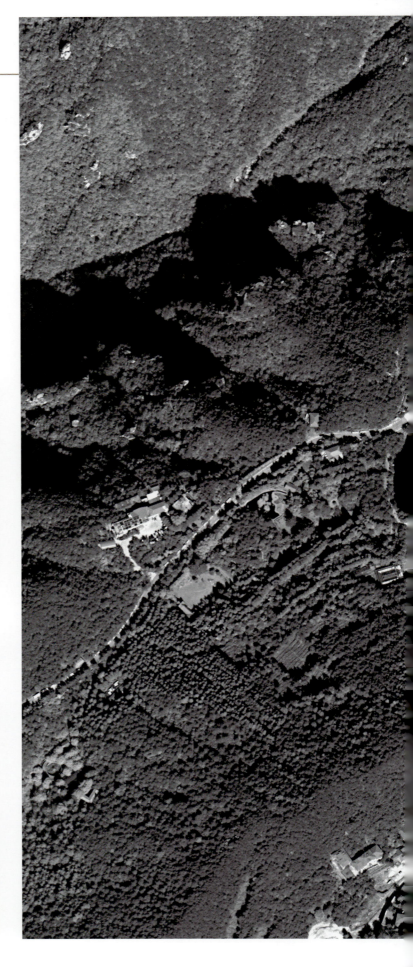

如 琴 湖

别 墅 区

■ 如琴湖别墅区（WorldView−1影像 成像时间：2009年10月16日）

■ 庐山部分文化景点分布（SPOT影像　成像时间：2003年11月12日）

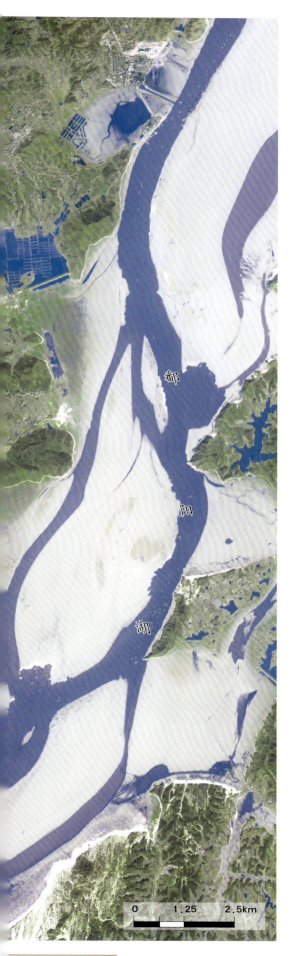

都

阳

湖

0 1.25 2.5km

■ 白鹿洞书院

■ 庐山仙人洞

庐山的白鹿洞书院是中国古代四大书院之一，建于940年，1179年经南宋著名理学家朱熹兴复。书院古建筑面积3800m²，错落有致地排列在苍松葱茏之中。

独特的自然环境孕育了庐山深厚的宗教文化，使庐山拥有多座佛教、道教、伊斯兰教、基督教和天主教宗教及教派的寺庙、道观和教堂。

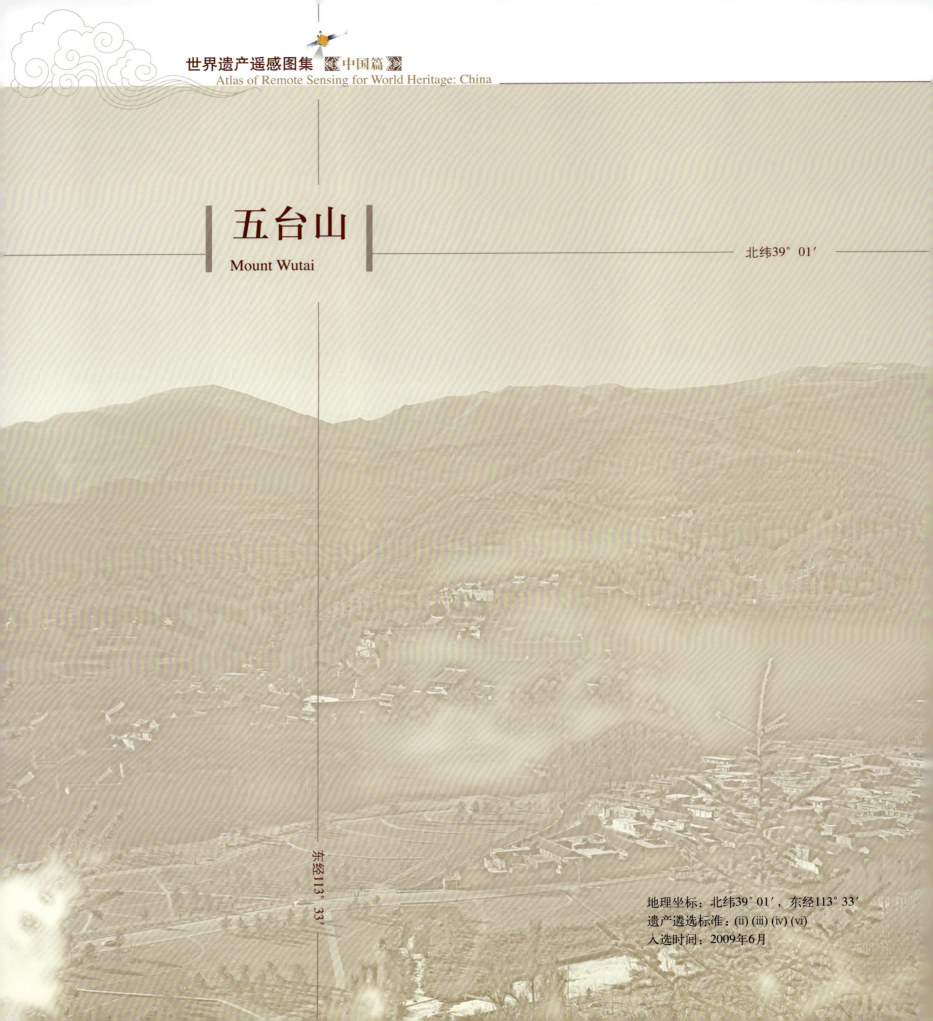

五台山

Mount Wutai

北纬39°01′

东经113°33′

地理坐标：北纬39°01′，东经113°33′
遗产遴选标准：(ii) (iii) (iv) (vi)
入选时间：2009年6月

北台

中台

西台

东台

台怀镇

南台

■ 五台山五台地理位置（"环境一号"卫星影像　成像时间：2009年11月5日）

五台山

位于山西省忻州市，是中国的佛教圣地。五台山属太行山的北端，其北部切割深峻，五峰耸立，峰顶平坦如台，故称"五台"。五台环抱而立，巍峨挺拔。

上图中五个红色圆圈对应五座山峰：东台望海峰（2795m）、南台锦绣峰（2485m）、西台挂月峰（2773m）、北台叶斗峰（3061.1m）和中台翠岩峰（2894m）。叶斗峰海拔最高，被称为"华北屋脊"。中台是东、南、西、北四座台顶的中心，是其余四座台的发脉之祖。五台山中心区台怀镇坐落在五台环绕的马蹄形盆地中。

叶斗峰 (3061m)

翠岩峰 (2894m)

挂月峰 (2773m)

锦绣峰 (2485m)

镇 怀

■ 五台山三维全景

五台山将自然地貌和佛教文化融为一体，将对佛的崇信凝结在对自然山体的崇拜之中。五台山台顶分别
建造一座寺庙，供奉着不同智慧的文殊菩萨。东台望海峰台顶的望海寺供奉着聪明文殊菩萨，代表天智
聪辩的智慧；南台锦绣峰台顶的普济寺供奉着智慧文殊菩萨，代表大彻大悟的智慧；西台挂月峰台顶的

望海峰 (2795m)

法雷寺供奉着狮子文殊菩萨，代表勇猛、威严；北台叶斗峰台顶的灵应寺供奉着无垢文殊菩萨，代表清静无染的智慧；中台翠岩峰台顶的演教寺供奉着孺童文殊菩萨，代表天真无邪的智慧。

■ 显通寺和塔院寺地理位置（SPOT影像　成像时间：2005年10月8日）

五台山

白塔寺

影像中青灰色区域为台怀镇建筑群；黄色方框显示的区域由北向南分别为显通寺和塔院寺。显通寺是五台山众多寺庙中最大、最古老的一座。塔院寺位于显通寺南侧，大白塔是寺内的主要标志，寺庙因塔而得名。

混合遗产

泰山

黄山

峨眉山和乐山大佛风景区

武夷山

泰山

Mount Taishan

北纬36°16′

东经117°06′

地理坐标：北纬36°16′，东经117°06′
遗产遴选标准：(i) (ii) (iii) (iv) (v) (vi) (vii)
入选时间：1987年12月

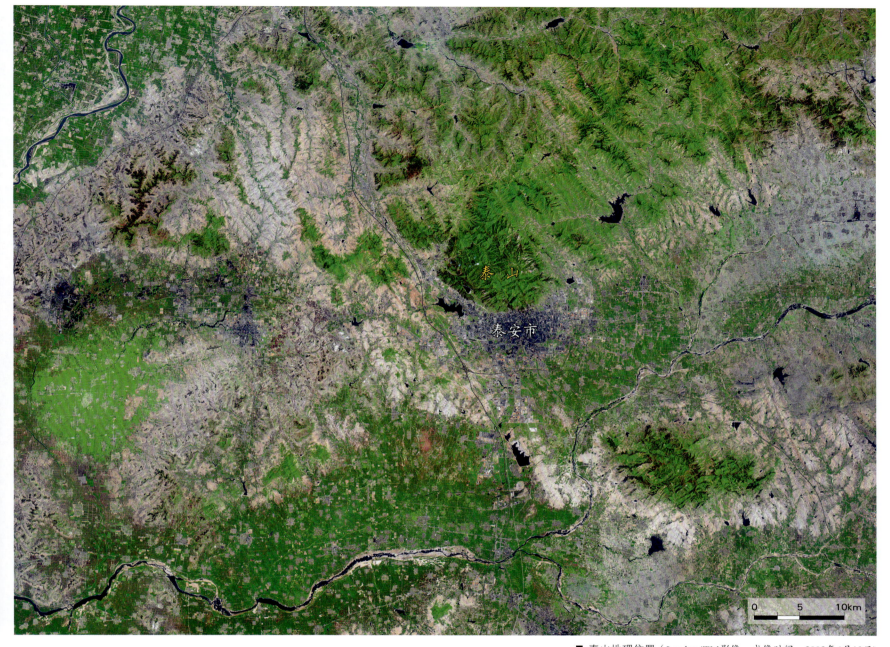

泰　山

泰安市

■ 泰山地理位置（Landsat/TM影像　成像时间：2002年4月13日）

泰山 位于今山东省中部，突起于华北平原之上。特殊的地理位置和自然景观使其
几千年来一直是帝王朝拜的对象，成为帝王封禅、祭祀活动的主要场所。

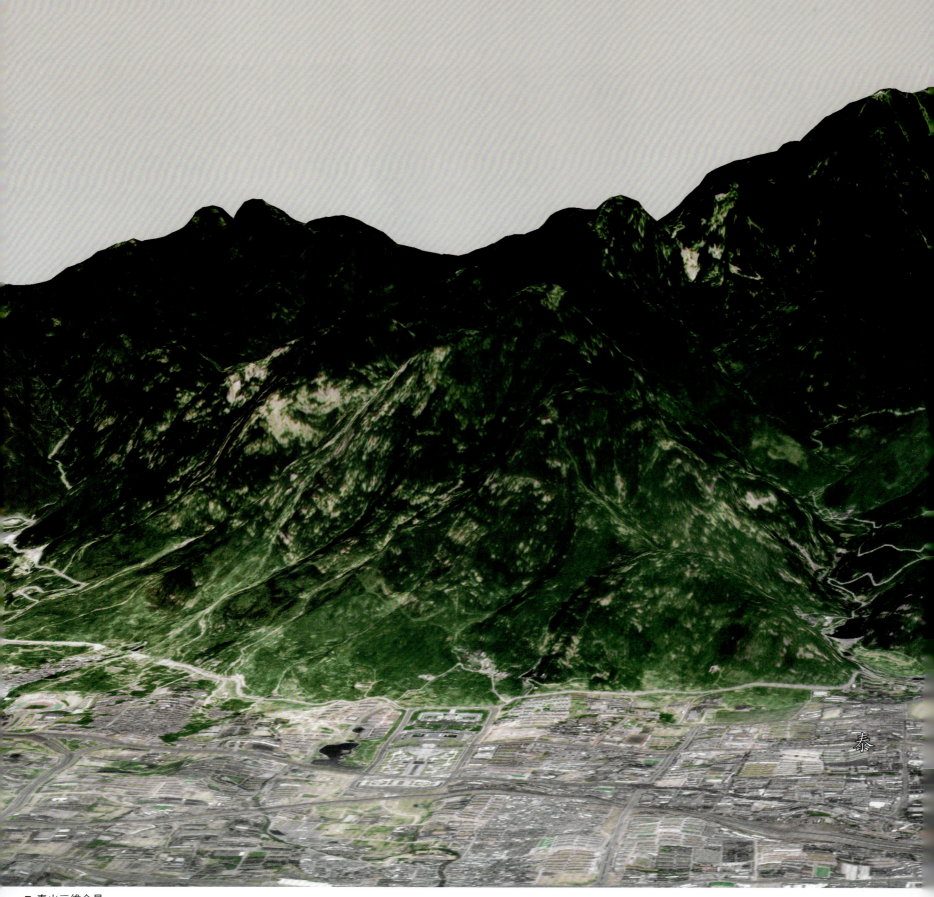

■ 泰山三维全景

泰山主峰玉皇顶海拔为1532.7m，其余山峰以其为中心呈放射状分布，山峦叠起，且南陡北缓。影像中绿色为植被，白色折线为盘山公路，暗黄色斑块为裸露的岩石。

玉皇顶
(1532.7m)

安市

玉皇顶

南天门

云步桥

中天门

红门

万里山

■ 泰山封禅路线

岱宗坊

岱庙

■ 南天门

　　泰山的历史文化遗产中有一条长达10km的帝王封禅祭祀和百姓朝山进香的路线。该线路是按照道家和佛家关于"人间·天府·地府"的宗教传说来构建的三重空间。祭地的蒿里山代表"地府"，帝王驻地岱庙以及泰安城代表"人间"，封天的玉皇顶代表"天府"。从岱宗坊开始通向"天府"的登山盘山道，充分利用了泰山南坡由缓坡、斜坡到陡坡的地形特点而修建。

■ 天街和碧霞祠

岱顶封天的建筑物主要以道教文化建筑为主。经过十八盘到达南天门后，沿着天街，在街的末端为碧霞祠，碧霞祠西北为青帝宫，沿着青帝宫继续往北，则到达泰山的最高峰——玉皇顶，其上修建有玉皇庙。

天

街

南天门

玉皇庙

青帝宫

碧霞祠

天　街

■ 泰山山顶建筑分布（航空影像 成像时间：2010年9月）

■ 泰山岩石与植被（航空影像　成像时间：2004年8月30日）

■ 泰山岩石（摄于2010年11月）

泰山区域地层主要由太古代（距今约25亿年）的混合岩、混合花岗岩等构成。植被覆盖率达80％以上，植被从落叶林—针阔混交林—针叶林—高山灌木草丛，景观各异。

黄山

Mount Huangshan

北纬30°10′

东经118°10′

地理坐标：北纬30°10′，东经118°10′

遗产遴选标准：(ii) (vii) (x)

入选时间：1990年12月

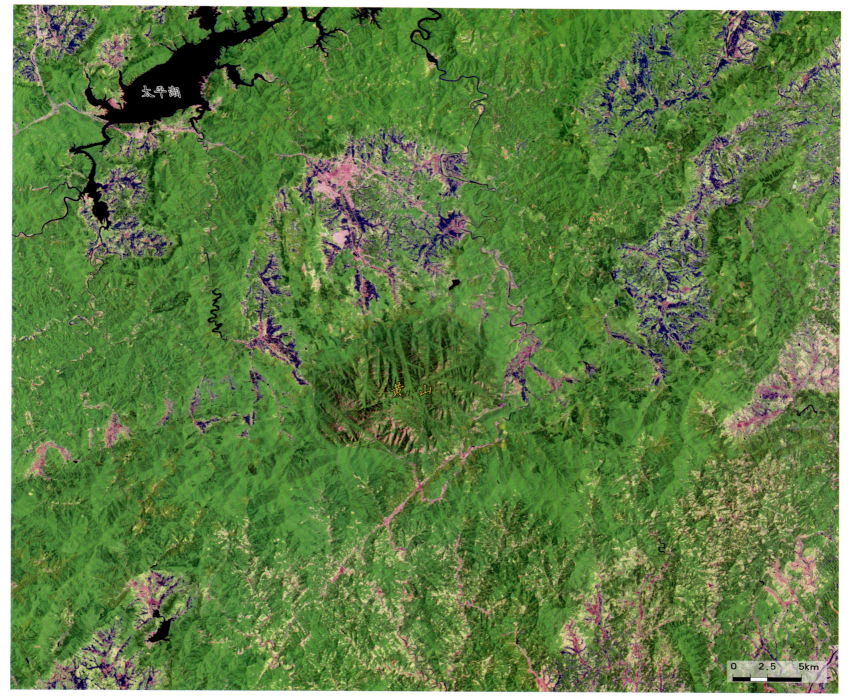

太平湖

黄 山

0 2.5 5km

■ 黄山地理位置（Landsat/TM影像　成像时间：2009年4月26日）

黄山

位于安徽省南部，以"奇松、怪石、云海、温泉"著称于世。黄山的主体由中生代花岗岩构成，主要发育NNW-SSE，NW-SE，NE-SW以及近E-W向断裂，把整个山体切割得支离破碎，因而发育了众多深壑、奇峰与怪石。

■ 花岗岩峰林

太平花岗

■ 黄山三期不同的花岗岩体分布（SPOT影像 成像时间：2004年2月9日）

黄山的主体由花岗岩组成，包括太平花岗岩体、黄山花岗岩体和狮子林花岗岩体，是一个呈套叠式的复式花岗岩岩体。先期太平花岗岩体的高度相对较低，后期狮子林花岗岩体的高度则相对较高。由于构造、岩性以及风化程度的差异，影像上北部与南部花岗岩地貌特征表现不同。

黄山花岗岩体

狮子林花岗岩体

0   0.5   1km

光明顶

■ 黄山三维全景

不同的峰林地貌景观按其形态可分为锥状峰、脊状峰、穹状峰、箱状峰和柱状峰。黄山主峰莲
花峰海拔达1864m，与光明顶和天都峰一起雄踞在景区中心，周围有77座千米以上的山峰，
群峰叠翠，组合成一幅波澜壮阔、气势磅礴的立体画面。

天都峰

右笋肩

■ 黄山松（QuickBird影像　成像时间：2007年1月7日）

■ 生长在花岗岩上的奇松——迎客松

　　黄山松是在独特地质、地貌与气候条件下形成的中国松树的一种变体，在黄山北坡一般生长于海拔1500～1700m处，在南坡于1000～1600m处。黄山松的生长环境十分恶劣，生长速度异常缓慢，树干相对较短，根部很深，因此能顽强地立于岩石之上。由于地势崎岖不平，悬崖峭壁纵横交错，有的黄山松无法垂直生长，只能弯弯曲曲地甚至朝下生长，还有许多松树只在一边长出树枝。

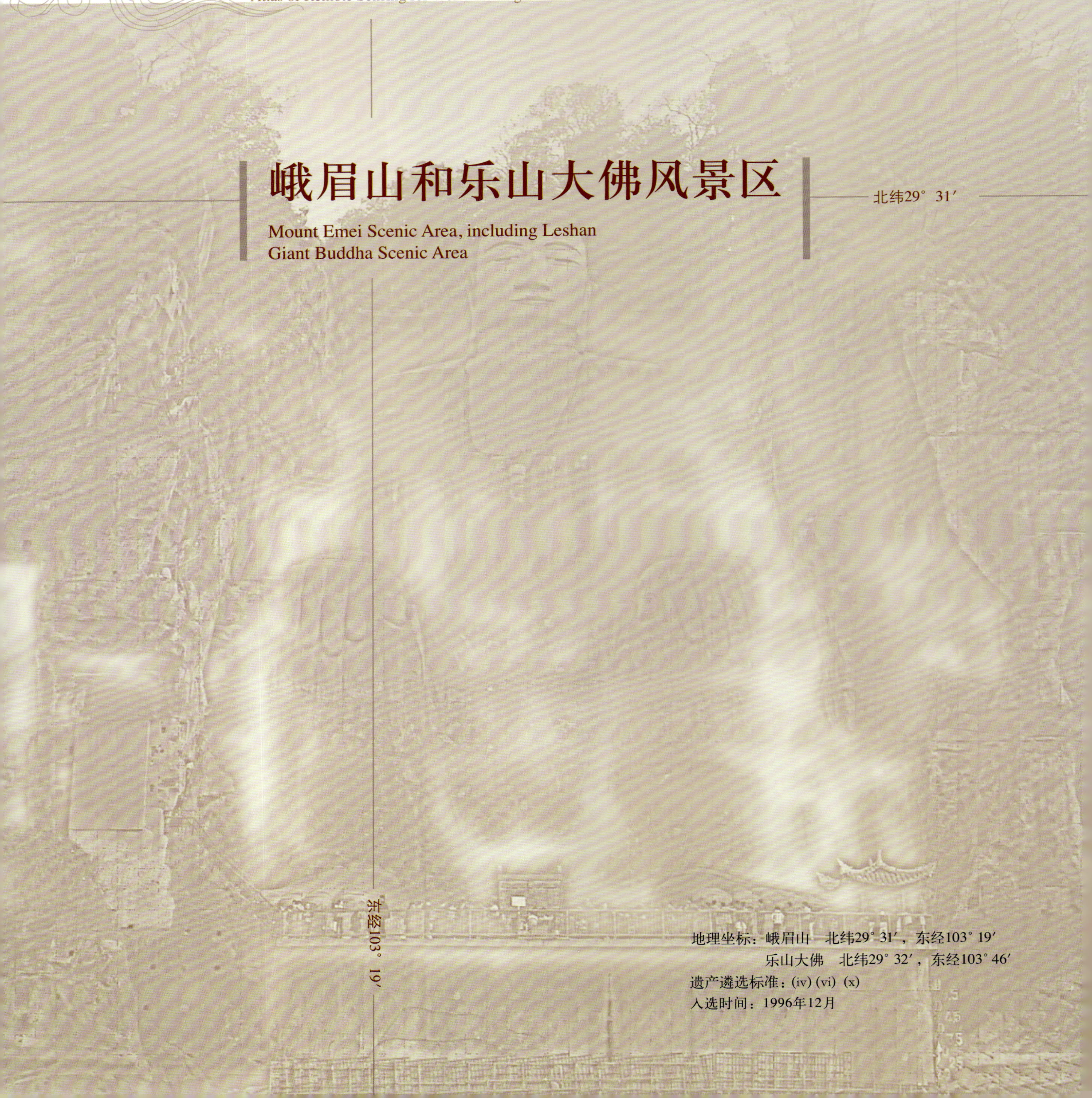

峨眉山和乐山大佛风景区

北纬29°31′

Mount Emei Scenic Area, including Leshan
Giant Buddha Scenic Area

东经103°19′

地理坐标：峨眉山　北纬29°31′，东经103°19′
　　　　　乐山大佛　北纬29°32′，东经103°46′
遗产遴选标准：(iv)(vi)(x)
入选时间：1996年12月

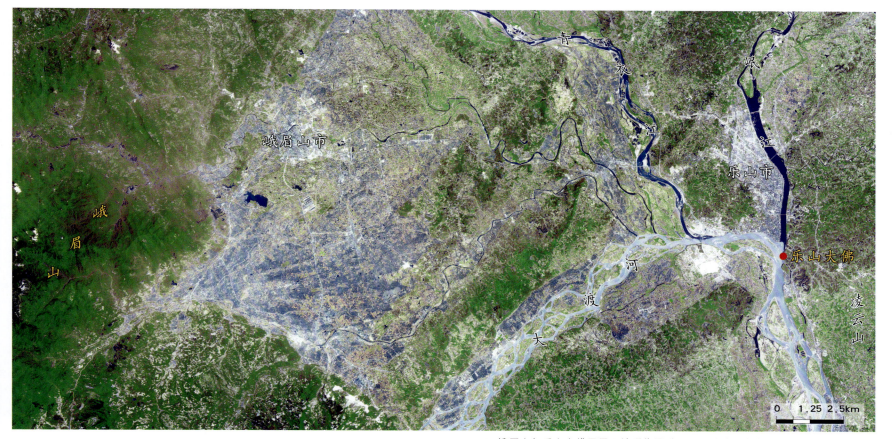

峨眉山市

青
衣
江

岷
江

乐山市

● 乐山大佛

河
渡
大

峨
眉
山

凌
云
山

0　1.25　2.5km

■ 峨眉山与乐山大佛风景区地理位置（IRS-P6影像　成像时间：2007年5月19日）

峨眉山和乐山大佛风景区

位于四川省中南部。峨眉山是中国四大佛教名山之一，是佛教文化与自然风光融为一体的风景名胜区。乐山大佛风景区位于峨眉山以东31km的乐山市，地处岷江、大渡河、青衣江三江汇流处，与峨眉山遥遥相对。乐山大佛始凿于713年，历时90年完成。在凌云山临岷江的峭壁上雕凿而成。

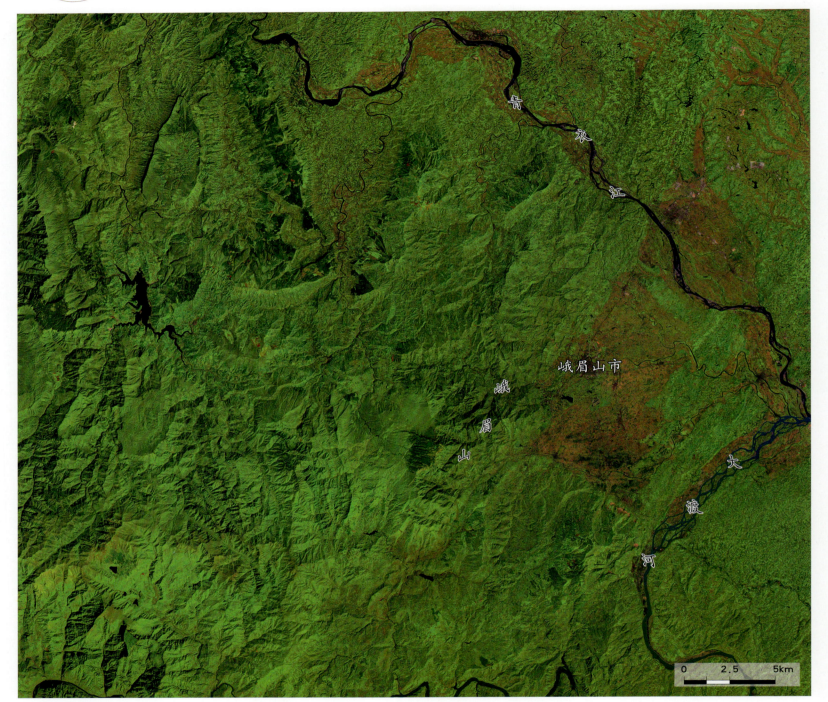

■ 峨眉山景区（Landsat/TM影像　成像时间：2007年9月18日）

峨眉山 | 影像中绿色为植被，暗红色为居民地。峨眉山植被覆盖率高，不同深浅的绿色代表了不同的植被类型。峨眉山植被具有典型而且保存完整的亚热带植被类型和亚热带森林垂直带谱，从山麓到山顶依次为常绿阔叶林、常绿阔叶与落叶阔叶混交林、针阔叶混交林和暗针叶林。

万年寺
清音阁
报国寺
伏虎寺
洗象池
洪椿寺
仙峰寺
金顶（华藏寺）
(3079.3m) 万佛顶

■ 峨眉山主要的文化景点（SPOT影像　成像时间：2004年7月5日）

峨眉山，又称"大光明山"。公元1世纪，在峨眉山景色秀丽的山巅上，落成了中国第一座佛教寺院。随着四周其他寺庙的建立，该地成为佛教的主要圣地之一，现有佛教寺庙30多处。佛教文化构成了峨眉山的历史文化主体。峨眉山金顶（海拔3079.3m）与顶峰万佛顶（海拔3099m）相邻，是峨眉山寺庙最集中的地方，被认为是峨眉山精华所在。

青衣江

大 渡 河

0 0.25 0.5km

乐山
山
市
岷
江
凌
乐山大佛
云
山
乌
麻
尤
浩
山
溢
洪
道

■ 乐山大佛

乐山大佛

图中黄色方框是乐山大佛所在位置。高71m的大佛面对岷江、大渡河和青衣江的汇流处，仿佛俯瞰三江交汇之所。这里雨水多，大佛两侧的红砂岩又质地疏松，容易遭受风化。乐山大佛因此设计了一套非常巧妙的隐而不见的排水系统，使佛像不至被雨水侵蚀，这对保护大佛起到了重要的作用。

麻浩溢洪道是在凌云山和乌尤山连接处开凿而成，其作用是引部分江水绕乌尤山而下，减缓直冲乐山大佛处的水势，乌尤山因此也成为"离堆山"。

武夷山

Mount Wuyi

北纬27° 43′

东经117° 41′

地理坐标：北纬27° 43′，东经117° 41′
遗产遴选标准：(iii) (vi) (vii) (x)
入选时间：1999年12月

武夷山
武夷山市
崇
九曲溪
阳
溪
古汉城遗址保护区

0　2.5　5km

■ 武夷山地理位置（Landsat/TM影像　成像时间：2004年10月5日）

武夷山

位于福建省西北部，遗产地处在武夷山脉北段的东南麓。全区分为西部生物多样性、中部九曲溪生态、东部自然与文化景观和古汉城遗址4个保护区。武夷山是许多孑遗植物的避难所，其中许多生物为该区特有。九曲溪两岸峡谷秀美，寺院庙宇众多。

武夷山属中亚热带季风气候区，区内峰峦叠障，高差悬殊，相对高差达1700m，特殊的地理位置和良好的生态环境使其成为第四纪环境变化过程中许多动植物的"天然避难所"，物种资源极其丰富。受地质构造的控制，西部发育了长达几十千米岩壁陡峭的断裂谷地和断块山脊；在NW-SE、近E-W和NNE-SSW断裂构造控制下，中部产生了曲折多弯的溪流以及柱状、锥状等丹霞地貌，形成了著名的山水相融的九曲溪风光。

■ 武夷山西部三维全景

■ 武夷山三维全景图

■ 九曲溪（SPOT影像　成像时间：2004年10月16日）

■ 九曲溪

九曲溪 九曲溪发源于武夷山脉主峰黄岗山西南麓，全长62.8km。流经景区9.5km的河曲，直线距离只有5km。沿溪两岸千峰竞秀，万木争荣，是武夷山风景名胜区内景色最优美的地方之一。

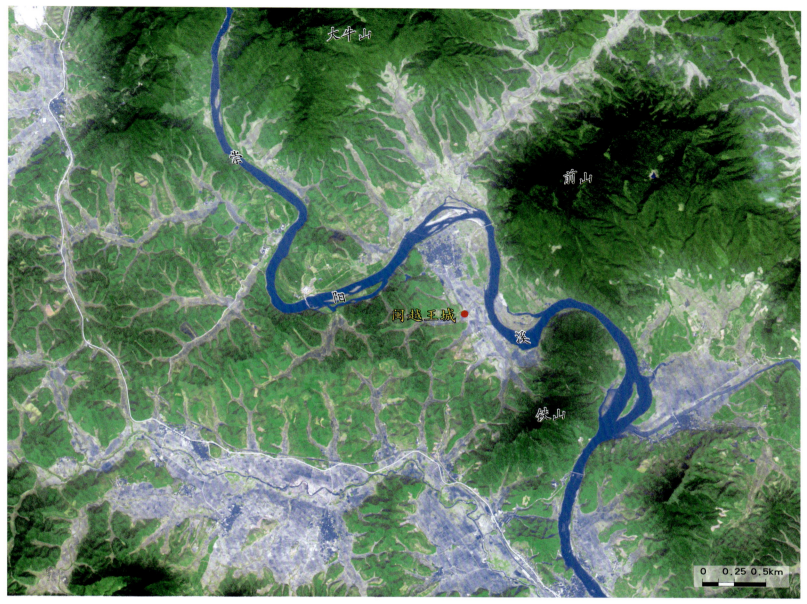

大牛山

前山

崇

阳

闽越王城 ●

溪

铁山

0 0.25 0.5km

■ 闽越王城地理位置（SPOT影像　成像时间：2003年1月16日）

闽越王城 | 闽越王城始建于公元前202年，是中国南方保存最完整的一座汉代古城。古城坐落
在丘岗之上，枕山抱水，附近是山间盆地，周围群山环抱，形成天然的防御屏障。

自然遗产

武陵源风景名胜区
九寨沟风景名胜区
黄龙风景名胜区
云南三江并流保护区
四川大熊猫栖息地
中国南方喀斯特
三清山风景名胜区
中国丹霞

武陵源风景名胜区

Wulingyuan Scenic and Historic Interest Area

北纬29°20′

东经110°30′

地理坐标：北纬29°20′，东经110°30′

遗产遴选标准：(vii)

入选时间：1992年12月

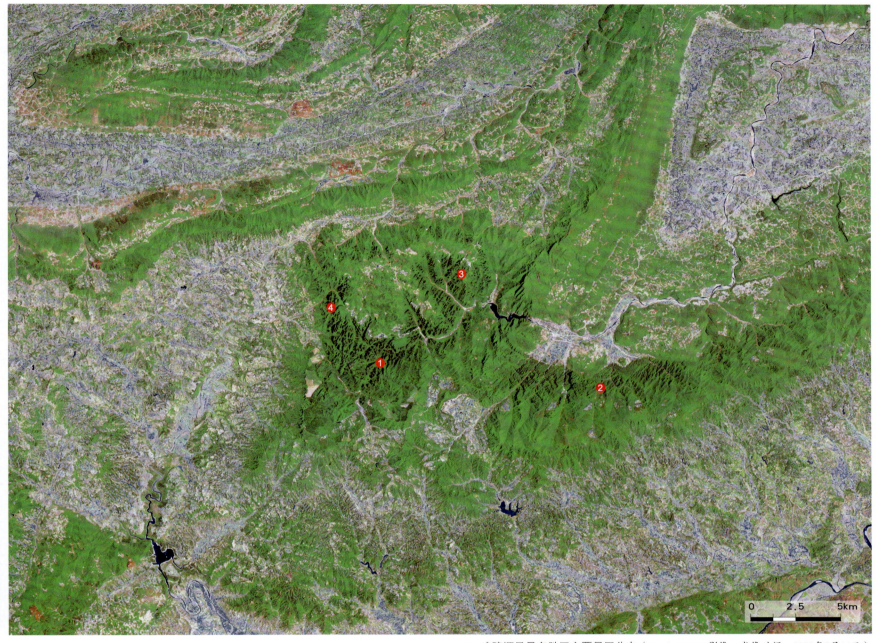

■ 武陵源风景名胜区主要景区分布（Landsat/ETM影像　成像时间：2000年5月14日）

❶ 张家界国家森林公园　　　　　❸ 天子山自然保护区

❷ 索溪峪自然保护区　　　　　　❹ 杨家界景区

武陵源风景名胜区

位于湖南省西北部的武陵山脉中，由张家界国家森林公园、索溪峪自然保护区、天子山自然保护区和杨家界景区四大部分组成。该遗产地最独特的景观是3000余座世界罕见的石英砂岩峰林。武陵源主要出露泥盆纪（距今4亿年～3.5亿）厚层石英砂岩，特点是岩层产状平缓，垂直节理发育。由于后期地壳运动抬升，重力崩塌和流水冲刷等作用，形成了奇特的砂岩峰林地貌。

杨家界

黄石寨

腰子寨

澧

鞭

金

天子山

西海峰林

十里画廊

0　0.25　0.5km

■ 金鞭溪东侧石英砂岩

■ 西海石林——板状石峰

张家界 张家界森林公园主要有袁家界、黄石寨、腰子寨和金鞭溪四个区域，特点是植被茂密，砂岩峰林，方山台寨。

天子山 天子山自然保护区是武陵源峰林的集中地带。由于砂岩垂直节理发育，加上外营力的长期作用，从而出现两侧壁立的峡谷和板状石峰的奇特地貌。

九寨沟风景名胜区

Jiuzhaigou Valley Scenic and Historic Interest Area

北纬33°05′

东经103°55′

地理坐标：北纬33°05′，东经103°55′
遗产遴选标准：(vii)
入选时间：1992年12月

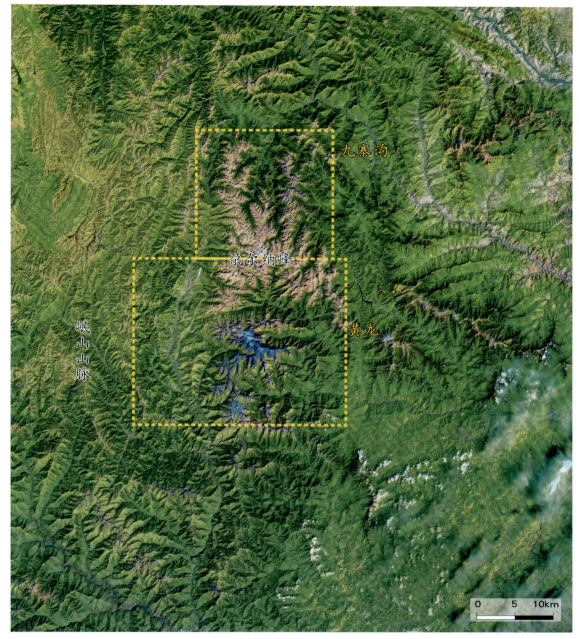

九寨沟和黄龙风景名胜区地理位置（Landsat/TM影像16景镶嵌　成像时间：2006和2007年）

九寨沟风景名胜区

位于青藏高原东南部与四川盆地的交接处、岷山山脉支脉尕尔纳峰北麓（南麓是黄龙风景名胜区）。九寨沟是长江水系嘉陵江上游白水江区的支沟，是中国唯一的和世界罕见的以高山湖泊群、瀑布群和钙华滩流为主体的自然景观区。九寨沟属四川阿坝藏族羌族自治区九寨沟县，因沟中有9个藏族寨子而得名。

■ 冬季九寨沟全景（Landsat/ETM影像 成像时间：2003年2月19日）

■ 夏季九寨沟全景（Landsat/ETM影像　成像时间：2002年8月27日）

九寨沟山谷的海拔从1000m一直到近5000m。植被随着海拔升高出现河谷稀疏灌丛带（人类活动干扰）、山地常绿阔叶林带、山地常绿阔叶与落叶阔叶混交林带、亚高山针阔叶混交林带、亚高山针叶林带、高山灌丛带、高山草甸带、极高山寒漠带的植被垂直带谱。在卫星遥感影像上，自下（低海拔）而上（高海拔）的色调变化是植被垂直分带的显示。

■ 九寨沟风景区主沟

九寨沟主沟呈 "Y" 形，由树正、日则、则查洼三条沟组成。日则和则查洼两条沟谷由南向北在诺日朗合为树正沟，两沟尽端湖泊至树正沟口高差达1000多米。各沟曲折狭长，形成一系列不同的生态系统，自然要素的垂直地带性独具特色。

则

沟

诺日朗瀑布

沟

洼

树

正

沟

0 5 10km

树正沟

则查洼沟

日则沟

则沟

长滩

■ 九寨沟风景名胜区三维全景

珠尔纳峰

九寨沟处于青藏高原东南部向四川盆地的过渡地带，位于我国第二级地貌阶梯的坎前部分。地势南高北低，有高山、峡谷、湖泊、瀑布、溪流、山间平原等多种形态，其地貌属高山狭谷类型。山岭的海拔大都为3500~4500m，最高峰尕尔纳峰海拔4764m。

长海坐落于则查洼沟的尽头，海拔3100多米，是九寨沟中海拔最高、面积最大的湖泊。影像中显示，其两侧为青山翠谷，湖南边对着常年积雪的山峰，融化的雪水补给着水深100多米的长海。

■ 诺日朗瀑布

■ 树正群海（由19个大小不同的湖泊组成）

九寨沟崇山峻岭间，由南向北、由高到低，呈梯级分布着大小高山湖114个，当地人称"海子"。高山湖是九寨沟壮丽的景色之一。另外，瀑布群和钙华滩流构成了九寨沟特色的水体资源。

树正群海由19个大小不同的湖泊组成。湖中生长植被构成了其又一独特景观。

五花海是九寨沟最神秘的海，颜色变幻莫测、旱季不干涸、冬季不结冰，因而成为九寨沟美丽的象征。

盆景滩
芦苇海
火花海
卧龙海
树正群海
树正瀑布
老虎海
犀牛海
珍珠滩瀑布   诺日朗瀑布
五花海
熊猫海
天鹅海

0   0.5   1km

■ 九寨沟高山湖分布（SPOT影像　成像时间：2004年7月31日）

黄龙风景名胜区

Huanglong Scenic and Historic Interest Area

北纬32°45′

东经103°49′

地理坐标：北纬32°45′，东经103°49′

遗产遴选标准：(vii)

入选时间：1992年12月

红心岩

雪山梁

丹云峡

黄龙沟

西沟

雪宝顶

牟尼沟

0　　　5　　　10km

■ 黄龙风景名胜区主要景区分布（Landsat/TM影像　成像时间：2007年9月18日）

黄龙风景名胜区

位于四川省西北部的阿坝藏族羌族自治州松潘县境内，岷山山脉南段。整个景区是由众多雪峰和冰川构成的高山与沟谷，在此人们可以看到高山景观和多种不同的生态系统。主要景区有黄龙沟、丹云峡、牟尼沟、雪宝顶、雪山梁、红心岩、西沟等，是集大型露天喀斯特钙华景观、自然风光、民族风情为一体的综合型风景名胜区。

■ 争艳池

黄龙沟

影像中白色矩形框为黄龙沟，白色区域为雪山。黄龙沟主要分布着低温高钙露天钙华喀斯特，有钙华滩流、钙华壁、钙华彩池等典型景观，俯瞰整个景观似一条"金龙"，故名"黄龙"。黄龙沟的冰雪融水清澈见底，瀑池串联，蔚为壮丽。

■ 莲台飞瀑

黄龙沟

雪宝顶

■ 黄龙沟（IRS-P6影像　成像时间：2006年9月20日）

0　　0.5　　1km

■ 丹云峡和雪宝顶（SPOT影像　成像时间：2004年7月31日）

云

峡

■ 雪宝顶

丹云峡是黄龙峡谷景观的代表。这里峡谷深切，是茶马古道中最险恶的地段之一。长度不到十几公里的丹云峡，地势落差却超过了1000m。这里自然生态保持良好，生长着许多珍贵的动植物。

雪宝顶海拔5588m，是岷山山脉的主峰。雪山融水是黄龙沟的主要水源。

云南三江并流保护区

Three Parallel Rivers of Yunnan Protected Areas

北纬27°53′

东经98°24′

地理坐标：北纬27°53′，东经98°24′
遗产遴选标准：(vii)(viii)(ix)(x)
入选时间：2003年7月

■ 三江并流地理片区分布（12景Landsat/TM影像镶嵌　时间：2002至2005年）

■ 三江并流地理片区分布示意图

云南三江并流保护区

在云南西北部的多山地带，占地17万km²，是具有7种地理学特征组合（由8个地理片区组成）的自然保护区。自然景观由亚洲东部的三条大江——金沙江（长江上游）、澜沧江（湄公河上游）和怒江（萨尔温江上游）及其间的山脉组成，三江在此由北向南并行，奔流于3000m深、两岸6000m高的雪峰峡谷中，突显了亚洲东部三条大江上游的地域特色。三条水系与其相邻山脉呈现"川"字构造。"三江并流"区是地球演化主要阶段和生物进化重要阶段的杰出代表，同时也是生物多样性的代表和许多珍稀濒危物种的栖息地。

■ 梅里雪山（SPOT影像 成像时间：2006年1月28日）

■ 梅里雪山全景

梅里雪山位于怒山山脉北端，属于白茫−梅里雪山片区，平均海拔在6km以上的山峰有13座。主峰卡瓦戈博峰（海拔6730m）是怒山的最高峰。

玉龙雪山

虎跳峡

0 0.25 0.5km

■ 长江第一湾（"北京一号"卫星影像　成像时间：2004年9月3日）

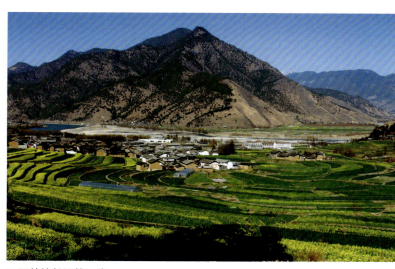

■ 石鼓镇长江第一湾

长江第一湾

金沙江从青藏高原奔腾而下，进入云南省境内，与澜沧江、怒江一起在横断山脉的高山深谷中穿行，到了云南石鼓镇突然呈现100多度的急转弯，转向东北，形成了罕见的"V"形大弯，人们称此天下奇观为"长江第一湾"。

碧罗雪山

怒

山

沧

江

■ 澜沧江大峡谷三维全景

■ 碧罗雪山

澜沧江 | 澜沧江发源于青藏高原的唐古拉山，进入云南省境内之后，在怒山和云岭之间穿行1000多米。碧罗雪山是横断山的主要山脉之一，东临澜沧江，西止怒山，海拔超过4km的雪山就有15座，与澜沧江的相对高差达3000m以上。

四川大熊猫栖息地

Sichuan Giant Panda Sanctuaries——
Wolong, Mt. Siguniang and Jiajin
Mountains

北纬30°50′

东经103°00′

地理坐标：北纬30°50′，东经103°00′
遗产遴选标准：(x)
入选时间：2006年7月

四姑娘山

卧龙自然保护区

夹金山

成都平原

■ 四川大熊猫栖息地地理位置（Landsat/TM影像　成像时间：2009年6月3日）

0　5　10km

四川大熊猫栖息地

主要位于邛崃山系的卧龙自然保护区和四姑娘山以及夹金山山脉。这里山峻谷幽，森林茂密，是濒危物种大熊猫的家园与乐土。栖息地的整体保护有助于大熊猫的野外繁殖。

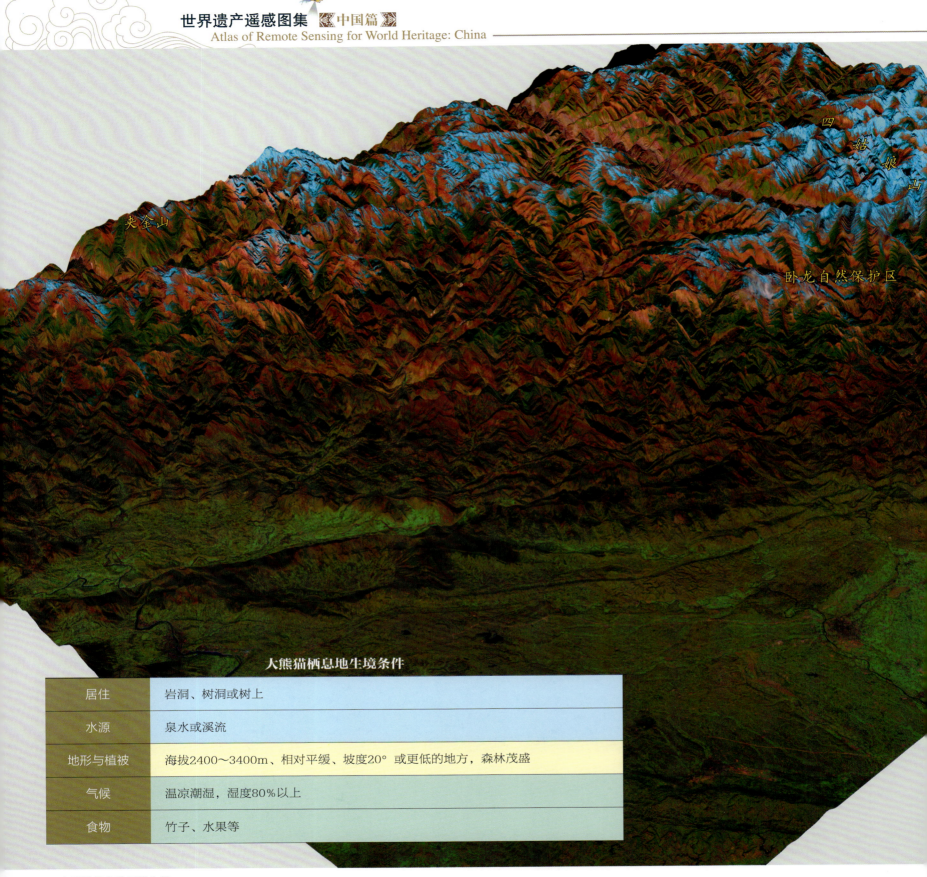

四姑娘山

卧龙自然保护区

夹金山

大熊猫栖息地生境条件

居住	岩洞、树洞或树上
水源	泉水或溪流
地形与植被	海拔2400～3400m、相对平缓、坡度20°或更低的地方，森林茂盛
气候	温凉潮湿，湿度80%以上
食物	竹子、水果等

■ 大熊猫栖息地三维全景

■ 冷箭竹

■ 大熊猫

■ 大熊猫树洞

■ 卧龙自然保护区（航空影像　成像时间：2009年6月3日）

皮

条

沟

卧龙自然保护区是地球上仅存的几处大熊猫栖息地之一，位于四姑娘山东麓的皮条河两岸。皮条河又名"卧龙沟"，这里地势较高而湿润，十分适宜大熊猫的主要食物——箭竹的生长。夏季温度高，大熊猫迁移到高海拔区域，食物以冷箭竹为主、华西箭竹为辅；冬季温度低，则迁移到低海拔区域，食物以拐棍竹为主、白夹竹为辅。冷箭竹和华西箭竹主要分布在海拔2300～3600m；拐棍竹主要分布在海拔1600～2650m；白夹竹主要分布在海拔1300～1650m。

影像显示了2008年5月12日汶川地震留下的痕迹，图中部灰色麻点状为倒塌的房屋，蓝色顶部的建筑物为救灾帐篷。

中国南方喀斯特

South China Karst

北纬25° 13′

东经107° 58′

地理坐标：贵州荔波　北纬25° 13′，东经107° 58′
　　　　　云南石林　北纬29° 49′，东经103° 21′
　　　　　重庆武隆　北纬29° 21′，东经107° 36′
遗产遴选标准：(vii) (viii)
入选时间：2007年6月

■ 中国南方喀斯特地理位置（"北京一号"卫星影像 成像时间：2007年）

中国南方喀斯特

由云南石林、贵州荔波、重庆武隆三处世界典型喀斯特区域组成。云南石林喀斯特以剑状、柱状和塔状等喀斯特形态为主；贵州荔波以锥状和塔状等喀斯特形态为主；重庆武隆以峡谷、天坑、天洞和地缝等喀斯特形态为主。喀斯特地貌是碳酸盐岩分布地区所具有的地貌现象。中国南方喀斯特保留了地质历史时期古喀斯特岩溶作用的遗迹。

石林湖

■ 云南石林风景区全貌（SPOT影像　成像时间：2008年1月7日）

■ 石林湖

石
林

云南石林地处滇东高原腹地，岩溶地貌发育，连片出现的石柱远望如林，故称"石林"。

遥感影像中青灰色区域为喀斯特石柱地貌分布区域，石柱形状以剑形为主。这些石柱整体受 NW—SE和NE—SW两组断裂带的控制，经后期流水侵蚀形成石林。

■ 贵州荔波喀斯特地貌（SPOT影像　成像时间：2007年9月20日）

0 0.5 1km

■ 贵州荔波喀斯特地貌

荔波喀斯特

贵州省荔波县与广西壮族自治区接壤，是贵州高原向广西低地过渡地带锥状喀斯特的典型代表。荔波喀斯特经过长期溶蚀、塑造，形成了显著的峰丛（锥状喀斯特）和峰林（塔状喀斯特），受NE-SW以及NW-SE构造控制，形成状如棋盘的景观格局。影像中绿色为植被，暗色为阴影，灰白色为居民地或裸岩，白色线条为道路，左上角黑色线状地物为水体。

■ 重庆武隆芙蓉洞地理位置（SPOT影像　成像时间：2009年4月14日）

武隆芙蓉洞

武隆喀斯特是深切型峡谷的杰出代表，它包括三个独立喀斯特系统，即芙蓉洞洞穴系统、天生三桥喀斯特系统和后坪冲蚀型天坑喀斯特系统。

芙蓉洞洞穴系统位于武隆县城东南部乌江和芙蓉江交汇处的江口镇境内。芙蓉江是乌江的最大支流，河谷深切，流域内发育着典型的峡谷和竖井洞穴群。芙蓉洞洞穴发育于寒武系和奥陶系碳酸盐岩中，由9个洞穴组成，为竖井洞穴群中规模最大的一个，洞内主要以次生物理–化学沉积物为主。

■ 芙蓉江峡谷

■ 芙蓉江石钟乳和石笋

■ 后坪天坑

武隆后坪天坑

后坪天坑位于武隆县东北的后坪乡，发育于奥陶系石灰岩中，主要是由于流水冲蚀作用形成的冲蚀型天坑。

■ 天龙桥

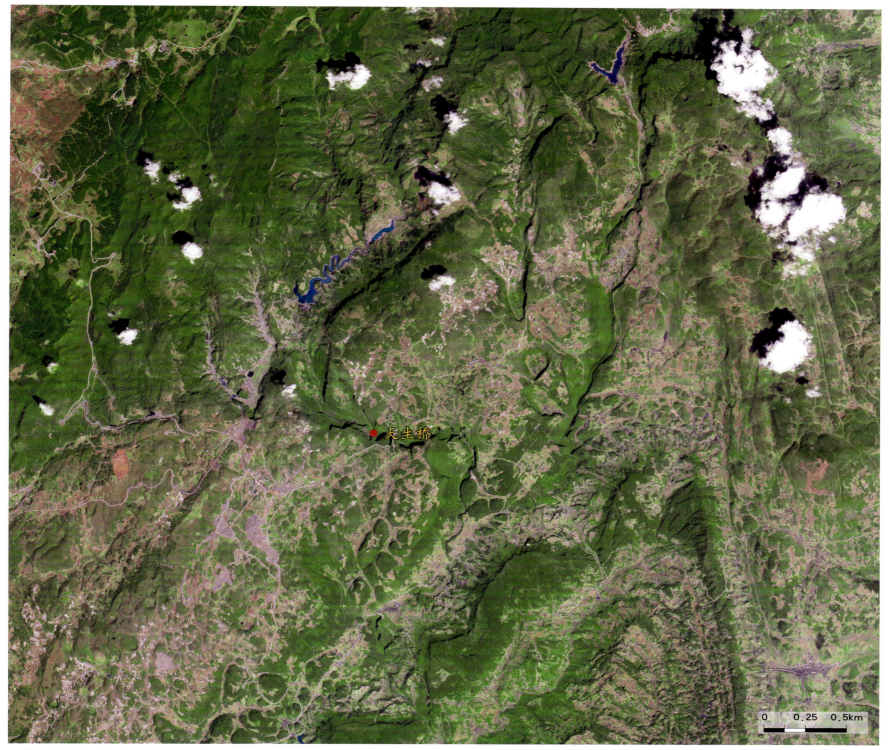

天生桥

■ 重庆武隆芙蓉洞地理位置（SPOT影像 成像时间：2009年4月14日）

武隆天生桥天生三桥喀斯特系统位于重庆市武隆县北面的仙女山镇，地处乌江支流羊水河流经的三叠纪灰岩分布地段，主要由三座天生桥（天龙桥、青龙桥和黑龙桥）和两个塌陷型天坑（天龙天坑和神鹰天坑）组成。喀斯特地下暗河由于地壳抬升导致洞顶崩塌，洞穴顶板崩塌后留下的残余就为天生桥，天生桥之间为巨大的塌陷天坑。

三清山风景名胜区

Mount Sanqingshan National Park

北纬28°54′

东经118°03′

地理坐标：北纬28°54′，东经118°03′
遗产遴选标准：(vii)
入选时间：2008年7月

怀
玉
山

三
清
山

0 2.5 5km

■ 三清山风景名胜区地理位置（"环境一号"卫星影像 成像时间：2009年12月5日）

三清山风景名胜区

位于江西省东北的怀玉山脉西部，属于白垩纪花岗岩形成的峰林地貌。山脉整体呈NE-SW走向，植被繁茂。影像显示，山体周边被三条断裂带所切割，即NE-SW走向的枫林–紫湖断裂带、NNE-SSW走向的小坑–芭蕉坞断裂带和NW-SE走向的鹅公岭–下西坑断裂带，共同形成了三角形断块山地。三清山因其中心三座山峰"玉清"、"上清"、"太清"列作群山之巅而得名。

玉华　玉虚　玉京

■ 三清山风景名胜区三维全景

■ 道教龙虎神殿

三清山

三清山的自然景观以造型奇特和险峻陡峭的石柱与山峰为特征。从玉京、玉虚、玉华三峰共构的中心部位向南向北层层低落，南向主要为自然风景分布区，北向主要为历史文化分布区。自东晋(317～420年)起，三清山就是道教的重要活动中心。现留存的道教石构建筑，如三清宫、龙虎神殿、风雷塔是道教文化的重要遗存，为三清山文化景观的重要组成部分。

■ 花岗岩峰墙（万笏朝天）

三清山有貌似人形与动物轮廓的48座花岗岩山体和89座花岗岩石柱。影像中绿色为植被，灰色的斑块是出露的花岗岩。

照片中的峰墙由7瓣垂直朝天的峰柱组成，形似百官朝贺天尊时手持的玉笏形状。花岗岩峰墙是花岗岩体被东西向和南北向两组垂直节理切割，并遭风化剥蚀和流水冲刷而形成。

■ 巨蟒峰林

巨蟒峰林高度128m，直径7～10m不等。其主要成因为NS向节理切割，形成峰墙，再沿近EW向节理切割形成峰柱构成"蟒体"，在冲蚀和崩塌作用下，受风化剥蚀塑造成昂首的"蟒头"。

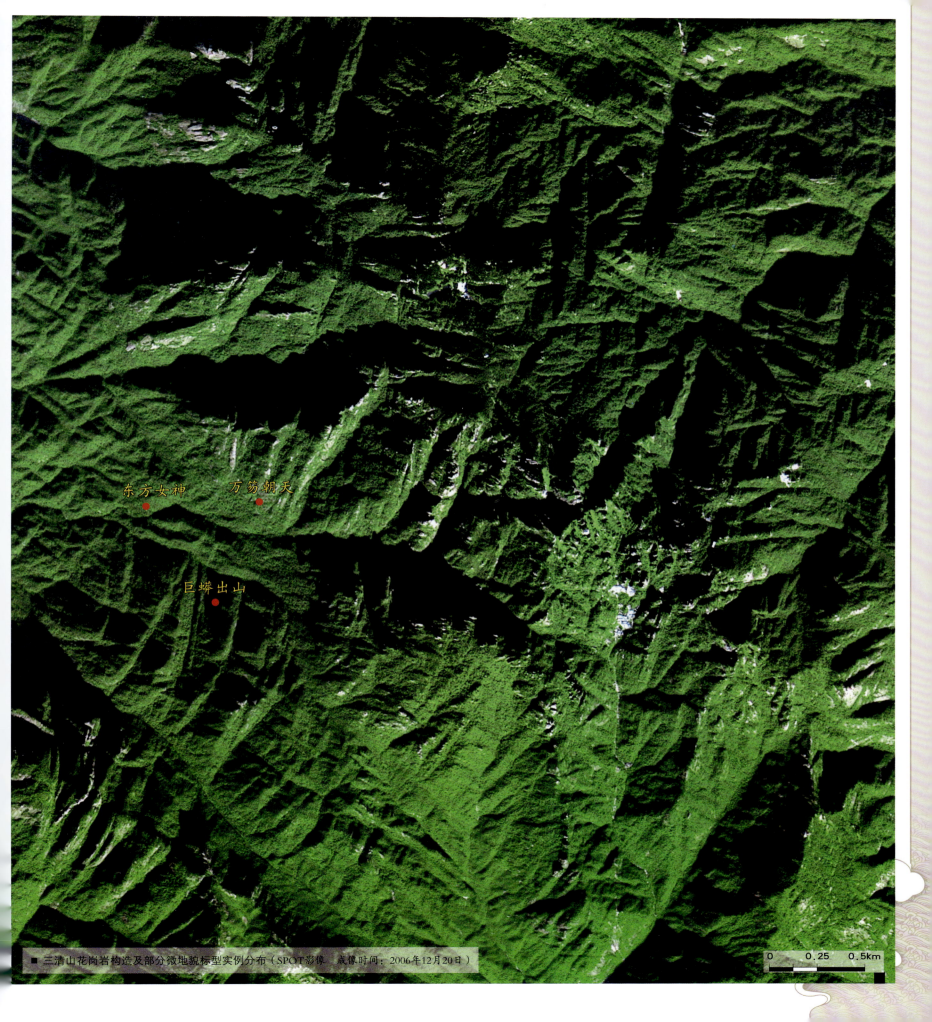

东方女神   万笏朝天

巨蟒出山

■ 三清山花岗岩构造及部分微地貌标型实例分布（SPOT影像　成像时间：2006年12月20日）

0   0.25   0.5km

中国丹霞
China Danxia

北纬28° 25′

东经106° 02′

地理坐标：贵州赤水　　北纬28° 25′，东经106° 02′
　　　　　福建泰宁　　北纬26° 54′，东经117° 10′
　　　　　湖南崀山　　北纬26° 20′，东经110° 46′
　　　　　广东丹霞山　北纬24° 58′，东经113° 41′
　　　　　江西龙虎山　北纬28° 06′，东经116° 58′
　　　　　浙江江郎山　北纬28° 32′，东经118° 33′
遗产遴选标准：(vii)(viii)
入选时间：2010年8月

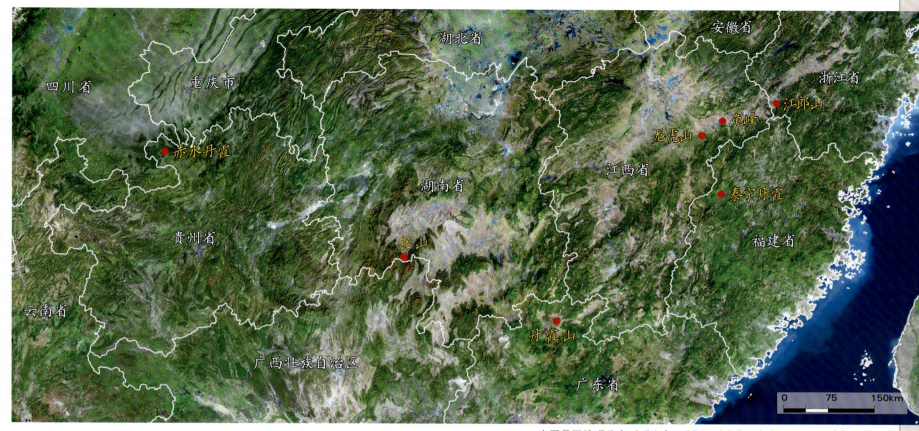

■ 中国丹霞地理分布（"北京一号"卫星影像　成像时间：2007年）

中国丹霞概况

丹霞名称	地貌时期	地貌特征	临水名称
贵州赤水	青年早期	高原峡谷型	赤水河
福建泰宁	青年期	低海拔山原峡谷型	金溪
湖南崀山	壮年早期	圆顶密集式峰丛峰林	扶夷江
广东丹霞山	壮年期	簇群式峰丛峰林型	锦江
江西龙虎山（包括龟峰）	老年早期	疏散峰林宽谷型	泸溪河（信江）
浙江江郎山	老年期	高基座蚀余孤峰型	须江

中国丹霞

由贵州赤水、福建泰宁、湖南崀山、广东丹霞山、江西龙虎山和浙江江郎山中国南方6个著名的丹霞地貌景区组成，分别代表了丹霞地貌不同发育阶段和不同景观类型。"丹霞地貌"是中国地质学家于20世纪20年代提出的一种地貌景观名称，因广东丹霞山而得名。形成丹霞地貌的岩层是一种在内陆盆地沉积的红色碎屑岩，后经地壳抬升，岩石被流水切割侵蚀、山坡崩塌后退而保留下来的红色山块。入选《世界遗产名录》的中国丹霞系列，既构成了绝妙和罕见的自然景观现象的一个连续演化系列，又是地球演化中地貌演变发展过程的突出例证。

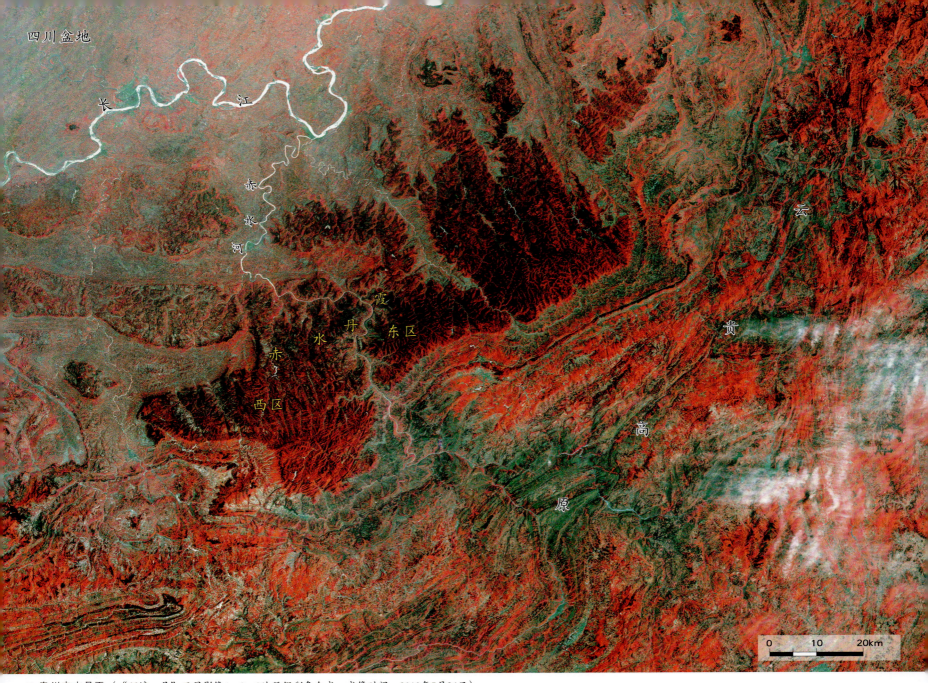

四川盆地

长

江

赤水河

霞

丹

东区

水

赤

区

西区

贵

云

高

原

0 10 20km

■ 贵州赤水丹霞（"环境一号"卫星影像4、3、2波段假彩色合成 成像时间：2010年5月24日）

■ 贵州赤水丹霞地貌

贵州赤水丹霞

贵州赤水丹霞位于贵州省西北部的赤水市境内，出露着侏罗纪和白垩纪红色地层，是青年早期高原峡谷型丹霞的代表。沿着赤水河两岸，在崇山峻岭之间分布着裸露的岩石，且森林覆盖率高，形成"绿色丹霞"（假彩色合成图像中红色部分为植被）。对比西区和东区，东区的整体景观呈现密如织网的脊状山梁，为流水深度切割形成的山源峡谷型丹霞，是由于高原台地在流水的强烈下切作用下分割解体而形成；西区的整体景观呈现高原面，高原面的边缘为峡谷，属高原型丹霞，其成因是高原面的整体抬升而流水下切深度较小。

0 0.5 1km

■ 贵州赤水西区丹霞（Terra/ASTER影像　成像时间：2004年8月24日）

0 150 300km

■ 贵州赤水东区丹霞（"北京一号"卫星影像　成像时间：2008年9月22日）

北 区

南 区

大
金
湖

■ 福建泰宁丹霞（Terra/ASTER影像　成像时间：2008年9月22日）

■ 泰宁丹霞象谷

福建泰宁丹霞

福建泰宁丹霞位于福建省三明市泰宁县，与武夷山毗邻，处同一断层带的南侧。整体景观呈现被密集的网状峡谷和巷谷分割的破碎的山原面，出现大块的崖壁，为青年期低海拔山原–峡谷型丹霞的代表。这里水系发育，河流活动强烈，丹霞地貌与湖、溪、潭、瀑完美结合，形成"水上丹霞"。

0   0.5   1km

■ 湖南崀山地貌

湖南崀山丹霞

崀山丹霞地貌位于湖南省新宁县境内，以圆顶密集式丹霞峰丛峰林为特点，群体明显，个体表现为身陡、麓缓、顶平。在系列丹霞地貌提名中，崀山丹霞是壮年期峰丛峰林地貌的代表。

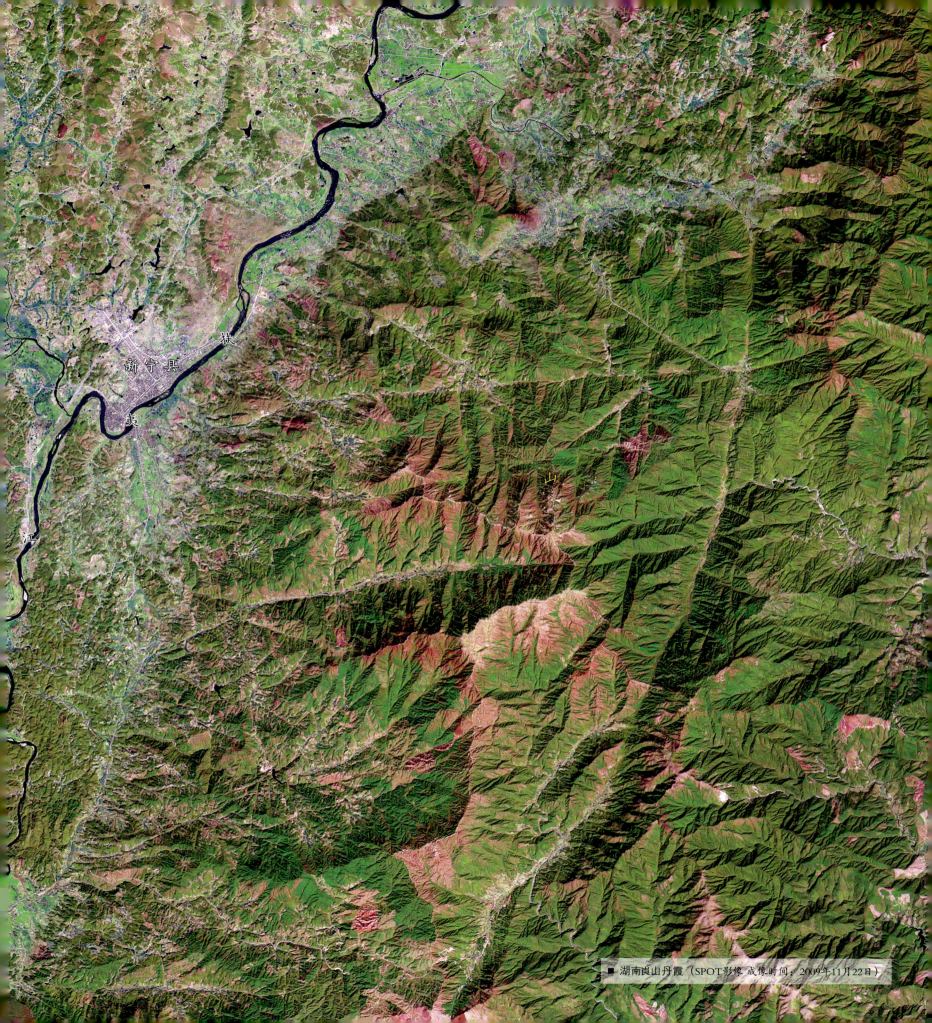

新宁县

狼

崀

江

山

■ 湖南崀山丹霞（SPOT影像 成像时间：2009年11月22日）

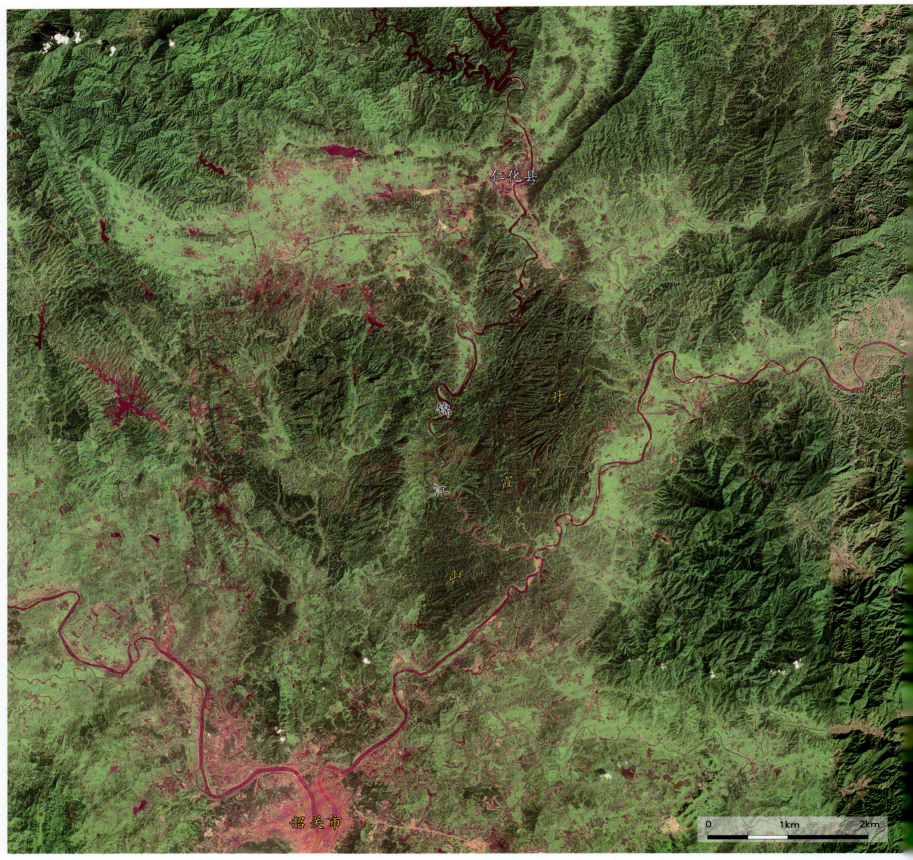

仁化县

锦
江
山

丹
霞
山

韶关市

0　　　　1km　　　　2km

■ 广东丹霞（Terra/ASTER 影像　成像时间：2006年12月24日）

■ 巴寨茶壶峰

广东丹霞 广东丹霞山位于广东省韶关市仁化县境内，由680多座红色砂岩石峰、石堡、石墙、石柱等丹霞地貌构成，巴寨是其最高峰。锦江如一条彩带穿越丹霞山腹地，环绕于峰林之间，临江为赤壁丹霞景观。

丹

■广东丹霞山（ALOS影像　成像时间：2009年10月17日）

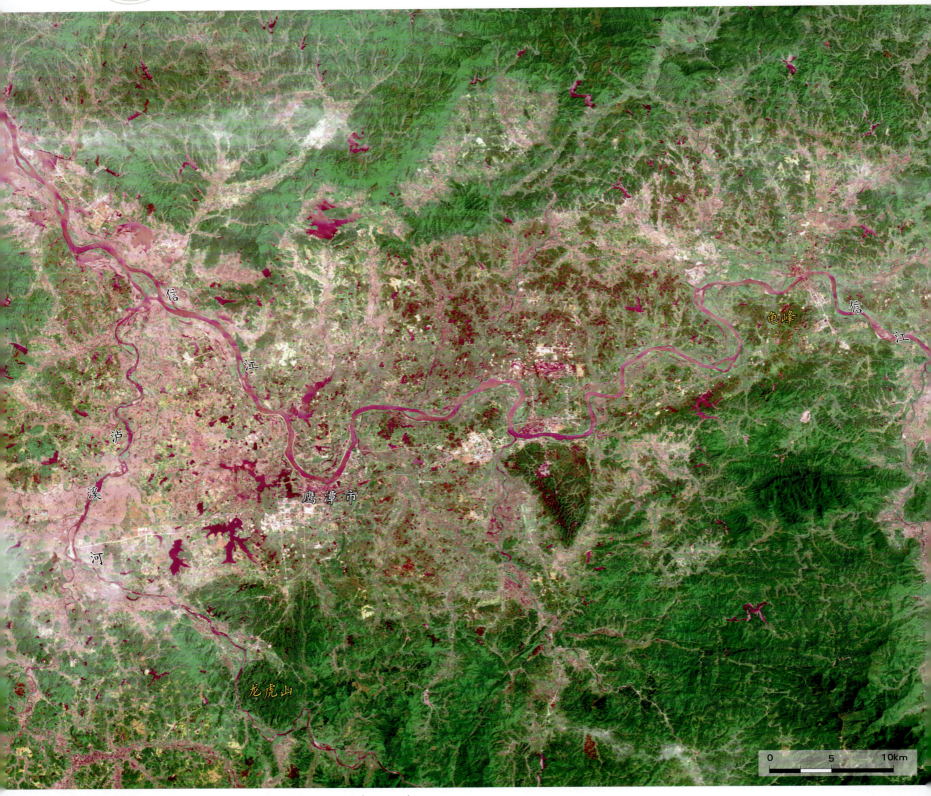

■ 江西龙虎山和龟峰丹霞 （"环境一号"卫星影像 成像时间：2010年4月17日）

龙虎山和龟峰地理位置相近，丹霞地貌特点相似，为老年早期丹霞地貌的代表。

328

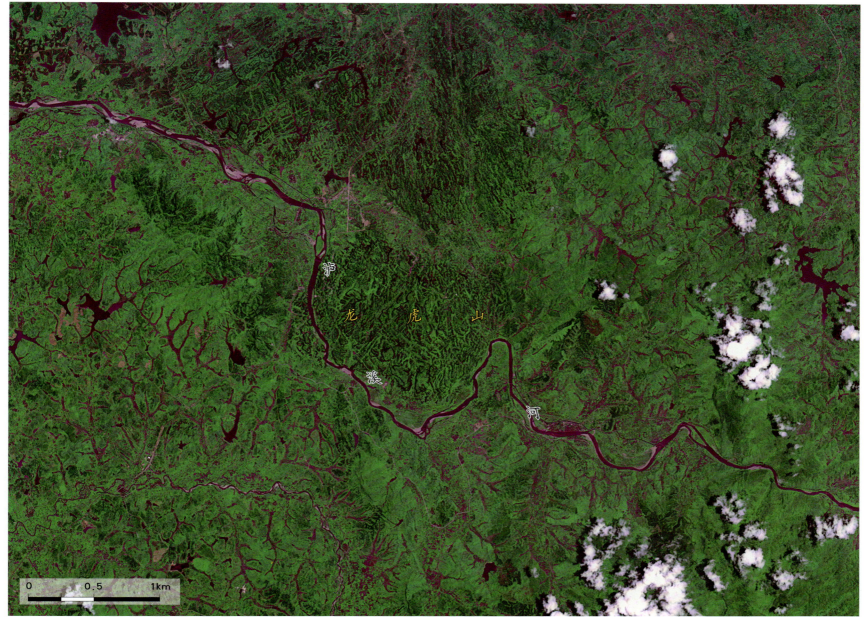

泸

龙 虎 山

溪

河

■ 龙虎山丹霞（Terra/ASTER影像　成像时间：2001年6月22日）

■ 龙虎山排衙峰

江西龙虎山丹霞

龙虎山位于江西省鹰潭市境内，其丹霞地貌特点是山块离散，呈峰林状，且地形高差相对较小。龙虎山地貌类型较为多样，有石寨、石墙、石梁、石崖、石柱、石峰、单面山、竖直洞穴等。景区内有石塔河流过，将两岸的丹崖地貌景观串联为一体，有"碧水丹崖"的美誉。

信 江

弋 阳 县

龟 峰

■ 龟峰丹霞（SPOT影像　成像时间：2008年3月1日）

■ 老人峰

江西龟峰丹霞 | 龟峰位于江西省上饶市弋阳县境内，信江南岸。从遥感图像上看，整个山就像一只巨大无比的神龟，山由此而得名。从新近纪开始，在喜马拉雅运动的影响下，该区地壳运动以上升为主，河流强烈下蚀，山体被切割，逐渐形成了今天的构造格局。

■ 三片孤石

浙江江郎山丹霞

江郎山位于浙江省江山县江郎乡，以高大的孤峰与巷谷的景观特色入选《世界遗产名录》。它由郎峰、亚峰、灵峰三峰组成，是在海拔500m古剥夷面之上高耸起319m的陡崖，是老年期－高基座蚀余孤峰型丹霞的代表。当地人称之为"三片孤石"。其中亚峰与灵峰之间仅3.5m宽的巷谷，是中国丹霞"一线天"之最。

0 0.5 1km

■ 浙江江郎山丹霞（Terra/ASTER影像 成像时间：2006年9月29日）

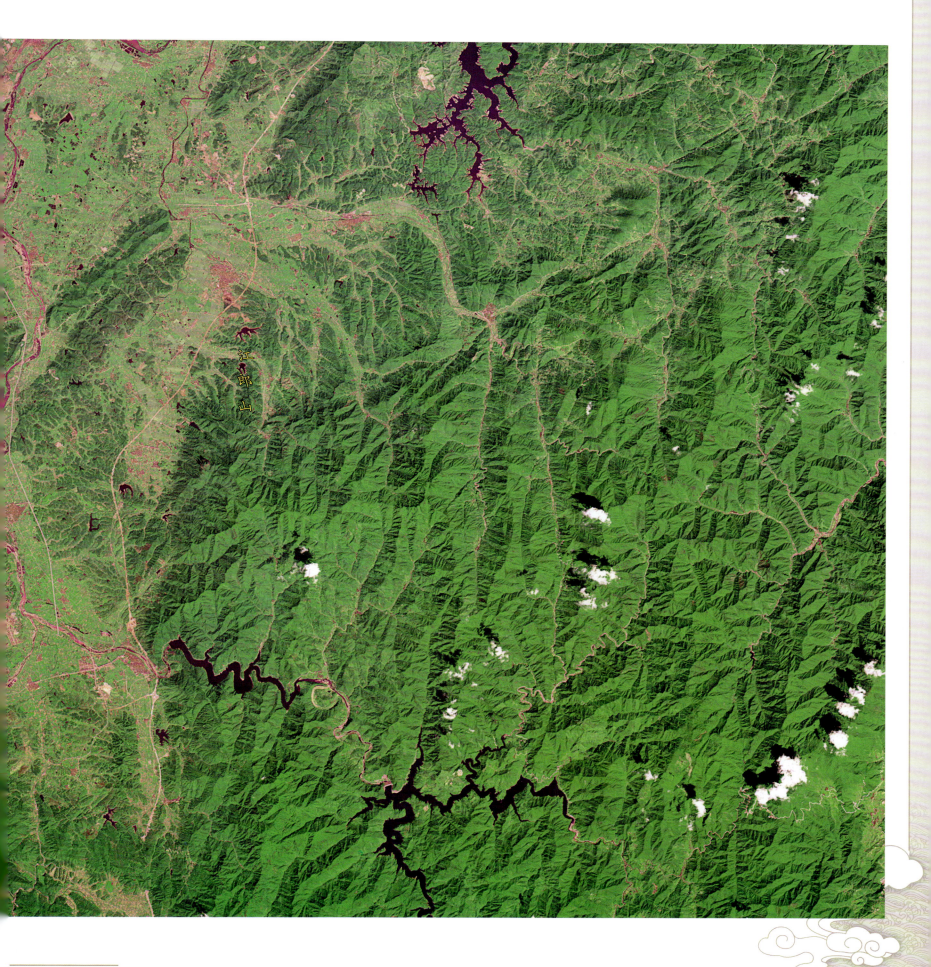

江
郎
山

主要参考资料

[1] 郭华东. 感知天地. 北京：科学出版社，2000.

[2] 罗哲文. 世界遗产大观. 北京：五洲传播出版社，2003.

[3] 杜越，高锡瑞. 世界遗产地图集·中国卷. 北京：中国地图出版社，2004.

[4] 李前光. 世界遗产. 北京：中国旅游出版社，2008.

[5] 纪江红. 世界文化与自然遗产. 北京：华夏出版社，2007.

[6] Guo C J. World Heritage Sites in China. Beijing：China International Press，2003.

[7] 耿铁华，崔明. 中国高句丽王城王陵及贵族墓葬. 长春：吉林文史出版社，2008.

[8] 郭华东. 汶川地震遥感图集. 北京：科学出版社，2008.

[9] 中国科学院对地观测与数字地球科学中心. 遥感中国. 北京：科学出版社，2009.

[10] 郭华东. 中国雷达遥感图像分析. 北京：科学出版社，1999.

[11] 王金华. 大足石刻保护. 北京：文物出版社，2009.

[12] 黎方银. 中国世界遗产丛书. 大足石刻. 西安：三秦出版社，2004.

[13] 中国世界遗产网 http://www.cnwh.org/.

[14] 联合国教科文组织世界遗产网 http://whc.unesco.org/en/list/.

[15] 中国丹霞网 http://www.cndanxia.cn/.

[16] 中华人民共和国住房和城乡建设部有关世界自然遗产及混合遗产申报文本.

[17] 中华人民共和国文物局有关世界文化遗产申报文本.

[18] 泰山风景名胜区管理委员会. 泰山风景名胜区总体规划. 1987.

附录一 世界遗产类型及入选标准[*]

为了保护世界文化和自然遗产，联合国教科文组织于1972年11月16日在第十七届大会上正式通过了《保护世界文化和自然遗产公约》（以下简称《公约》）。1976年，世界遗产委员会成立，并建立了《世界遗产名录》。中国于1985年12月12日加入该《公约》，1999年10月29日入选为世界遗产委员会成员。

世界遗产分为文化遗产、自然遗产、混合遗产和文化景观。此外，为了保护不是以物质形态存在的人类遗产，联合国教科文组织还公布了非物质文化遗产（人类口头与非物质遗产）。

1. 文化遗产

《公约》对文化遗产的定义如下。

(1) 文物：从历史、艺术或科学角度看，具有突出的普遍价值的建筑物、雕刻和碑画、具有考古性质成分或结构、铭文、窟洞、居住区以及联合体。

(2) 建筑群：从历史、艺术或科学角度看，在建筑式样、分布均匀或与环境风景结合方面具有突出的普遍价值的单立或连接的建筑群。

(3) 遗址：从历史、审美、人种学或人类学角度看，具有突出的普遍价值的人造工程、自然与人类的共同杰作以及考古遗址等等。

文化遗产的标准为：

凡提名列入《世界遗产名录》的文化遗产项目，必须符合下列一项或几项标准方可获得批准。

（i）代表一种独特的艺术成就，一种创造性的天才杰作，表现人类创造力的经典之作。

（ii）在某时期或某种文化中对建筑艺术、纪念物艺术、城镇规划或景观设计方面的发展产生过重大影响。

（iii）能为一种已消逝的文明或文化传统提供一种独特的或至少是特殊的见证。

（iv）可作为一种建筑、建筑群或景观的杰出范例，展示出人类历史上一个（或几个）重要阶段。

（v）可作为传统的人类居住地或使用地的杰出范例，代表一种（或几种）文化，尤其在不可逆转的变化的影响下变得易于损坏。

（vi）与具特殊普遍意义的事件或现行传统、思想、信仰或文学艺术作品有直接和实质的联系。只有在某些特殊情况下或该项标准与其他标准一起作用时，此款才能成为列入《世界遗产名录》的理由。

---

* 资料来源于 www.china.com.cn

2. 自然遗产

《公约》对自然遗产的定义如下。

(1) 从美学或科学角度看，具有突出的普遍价值的、由地质和生物结构或这类结构群组成的自然面貌。

(2) 从科学或保护角度看，具有突出的普遍价值的、地质和自然地理结构以及明确划定的濒危动植物物种生境区。

(3) 从科学、保护或自然美角度看，具有突出的普遍价值的天然名胜或明确划定的自然区域。

自然遗产的标准为：

凡提名列入《世界遗产名录》的自然遗产项目，必须符合下列一项或几项标准方可获得批准。

(vii) 构成代表地球演化史中重要阶段的突出例证。

(viii) 构成代表进行中的重要地质过程、生物演化过程以及人类与自然环境相互关系的突出例证。

(ix) 独特、稀有或绝妙的自然现象、地貌，或具有罕见自然美的自然地带。

(x) 尚存的珍稀或濒危动植物物种的栖息地。

3. 混合遗产

世界遗产中将在历史、艺术或科学及审美、人种学、人类学方面有着世界意义的纪念文物、建筑物、遗迹等文化遗产，在审美、科学、保存形态上特别具有世界价值的地形、生物或包括景观在内的地域等自然遗产融合起来，构成的第三个类别的遗产，就是自然与文化混合遗产。

凡提名列入《世界遗产名录》的混合遗产项目，入选标准采用文化遗产标准和自然遗产标准。

4. 文化景观

文化景观这一概念是1992年12月在美国圣菲召开的UNESCO世界遗产委员会第16届会议时提出并纳入《世界遗产名录》中的。文化景观遗产代表"自然与人类的共同作品"。

一般来说，文化景观有以下类型：

(1) 由人类有意设计和建筑的景观。包括出于美学原因建造的园林和公园景观，它们经常(但并不总是)与宗教或其他概念性建筑物或建筑群有联系。

(2) 有机进化的景观。它产生于最初始的一种社会、经济、行政以及宗教需要，并通过与周围自然环境相联系或相适应而发展到目前的形式。其包括两种类别：一是残遗物(或化石)景观，代表一种过去某段时间已经完结的进化过程，不管是突发的或是渐进的。它们之所以具有突出的普遍价值，就在于显著特点依然体现在实物上。二是持续性景观，它在当地与传统生活方式相联系的社会中，保持一种积极的社会作用，而且其自身演变过程仍在进行之中，同时又展示了其在历史上演变发展的物证。

(3) 关联性文化景观。这类景观列入《世界遗产名录》，以与自然因素、强烈的宗教、艺术或文化相联系为特征，而不是以文化物证为特征。

凡提名列入《世界遗产名录》的文化景观项目，采用文化遗产的标准。

5. 非物质文化遗产

在UNESCO执委会第155次会议制定的《人类口头和非物质遗产代表作》评审规则中，对人类口头和非物质遗产的定义作出了详尽解释：传统的民间文化指来自某一文化社区的全部创作，这些创作以传统为依据，由某一群体或一些个体所表达并被认为是符合社区期望的，作为其文化和社会特性的表达形式、准则和价值，通过模仿或其他方式口头相传。其形式包括语言、文学、音乐、舞蹈、游戏、神话、礼仪、习惯、手工艺、建筑艺术及其他艺术。除此之外，还包括传统形式的联络和信息。

附录二　国际自然与文化遗产空间技术中心简介

国际自然与文化遗产空间技术中心（简称"世界遗产空间中心"），英文全称International Centre on Space Technologies for Natural and Cultural Heritage（简称"WHIST"），系联合国教育、科学及文化组织（简称"联合国教科文组织"）下属研究机构，2007年5月由中国科学院提议建立，2008年4月经联合国教科文组织第179次执行局会议讨论通过，2009年10月获联合国教科文组织第35届大会批准。2011年4月获中国国务院批准，2011年6月UNESCO与中国政府签署了建立WHIST的协议。这是联合国教科文组织在全球设立的第一个基于空间技术的世界遗产研究机构，依托中国科学院对地观测与数字地球科学中心建设。

世界遗产空间中心是一个非营利性学术组织，旨在利用空间技术在全球范围内开展对世界自然和文化遗产、全球环境变化、自然灾害及生物圈保护区的监测，建立世界遗产空间技术研究示范基地，提供网络咨询、技术信息和人员培训等服务，为世界遗产保护和管理做出独特的贡献。该中心服务于联合国教科文组织及其成员国。

世界遗产空间中心实行理事会领导下的主任负责制，下设秘书处，设立自然遗产研究部、文化遗产研究部、卫星遥感部、航空遥感部、数据处理部、虚拟现实部和国际培训部7个单元。

世界遗产空间中心的依托单位——中国科学院对地观测与数字地球科学中心（CEODE）——拥有密云、喀什和三亚3个卫星地面接收站，接收卫星数据范围覆盖亚洲70%疆土；拥有两架高空遥感飞机，并将购置两架新的大型遥感飞机，研制集成10余类先进遥感器，形成新一代高性能航空遥感系统。CEODE正在建设拥有强大数据存储、信息分析和模拟能力的数字地球科学平台，将为利用空间技术开展自然和文化遗产研究提供坚实的基础。

世界遗产空间中心是一个开放的学术机构，其宗旨是在联合国教科文组织发展理念指导下，与包括中国在内的全球有关国家和地区研究机构、大学、世界遗产组织等广泛合作，共同为人类关注的世界遗产事业发展做出贡献。

索　引

致　谢

感谢以下人员为本图集提供遥感图像数据、处理文字资料以及图集文字修改等方面的帮助：（以姓氏笔画为序）

丁　援	丁文洁	万中一	马　军	马云龙	马建文	王　兰	王　威	王　桥	王　静	王星星
王胜宝	王振生	王智勇	邓　飙	田　佩	兰　啟	台永东	邢宏伟	邢启坤	师永强	刘　微
刘世才	刘红纯	刘良云	刘慧婵	孙中平	李　奇	李　超	李　震	李九奇	李明伟	李建华
李新凯	杨　雪	杨永伟	杨金泉	杨超杰	时春凯	吴国强	何智能	宋文君	宋生钰	张　灿
张　健	张卫星	张兆明	张红兰	张国胜	张晓美	张鹏飞	陈文博	陈伟海	陈耀华	武文萍
林　艳	周　涛	周剑生	项　波	赵慧萍	胡汉生	查奇志	侯　刚	侯家骥	施天晓	祝　玮
姚　杰	耿　扬	耿左车	贾秀鹏	夏增威	徐　平	徐丽萍	唐　群	唐亮亮	黄小波	黄家柱
曹金萍	康　凯	梁　莹	隗建华	董　庆	董　峰	董品亮	韩　鹏	韩　巍	韩少伟	韩春明
景　爱	程　博	傅映文	谢凝高	雷莉萍	阚维民	蔺启忠	管婷婷	廖静娟	翟玉强	戴昌达

感谢以下人员为本图集提供照片：（以姓氏笔画为序）

王昌佐	孔凡敏	邓启兵	艾昌勇	邢旭峰	刘　文	刘传胜	江梦榕	李坚诚	李冠男	杨沙鸥
吴艳红	沈　亮	宋庆君	张　辉	张卫星	张香平	张清宇	陈志芳	范小冲	周红梅	赵日鹏
赵兴坤	徐大岭	唐亮亮	凌　云	黄华斌	黄妙芬					

感谢以下单位为本图集提供遥感数据：

北京视宝卫星图像有限公司

北京天目创新科技有限公司

北京宇视蓝图信息技术有限公司

北京国遥新天地信息技术有限公司

环境保护部卫星环境应用中心